# Die Kali-Industrie.

## Betrachtungen zu ihrer neueren Entwicklung.

Von

E. H. Paxmann.

Berlin 1903.

J. Guttentag, Verlagsbuchhandlung,

G. m. b. H.

# Vorwort.

Mit vorliegender Abhandlung wird versucht, in grossen Hauptzügen ein nach Möglichkeit getreues, auf sachliche Unterlagen gestütztes Bild von der Kali-Industrie in ihrer neueren Entwicklung zu zeichnen. Ausgehend von der Kalivorlage v. J. 1894 und ihrer Beratung im Abgeordnetenhause, führt die Darstellung an der Hand von tatsächlichen Verhältnissen zu einer Reihe von abschliessenden Betrachtungen, die auch von allgemeinen staatswissenschaftlichen Gesichtspunkten die Frage eines zweckmässigen Kurses in der Kali-Industrie berühren. Auf die inneren geschäftlichen Verhältnisse des bestehenden Verkaufssyndikats der Kaliwerke ist dabei nur wenig eingegangen. Ebenso ist es vermieden worden, die Darstellung überflüssig mit Einzelheiten und statistischen Angaben zu belasten.

Magdeburg, im Oktober 1903.

**Der Verfasser.**

Am 19. April 1894 fiel im Hause der Abgeordneten eine für den preussischen Salzbergbau bedeutsame Entscheidung. Die sog. Kalivorlage wurde abgelehnt. Für den Hauptartikel III des Gesetzes, der als grundlegend für das ganze Prinzip desselben zuerst zur Abstimmung gelangte, stimmten 142 Abgeordnete, dagegen 147. Für die Königliche Staatsregierung war dies eine empfindliche Enttäuschung. Nach dem Gesetzentwurf sollte die Aufsuchung und Gewinnung der Kali- und Magnesiasalze fortan dem Staate zustehen; genauer gesagt, sollte ein staatliches Gewinnungs- und Verkaufsmonopol für die genannten Mineralien mit gewissen, später zu erörternden Einschränkungen geschaffen werden, die in der damals bereits vorhandenen rechtlichen und wirtschaftlichen Lage des Kalisalzbergbaues ihren Grund hatten. Die Abstimmung in der Kommission hatte die Annahme des wichtigen Absatzes 1 des Artikel III mit 12 gegen 6 Stimmen und schliesslich des ganzen Artikel III, der im 2. und 3. Absatz eigentlich nur eine folgerichtige Durchbildung des Hauptgedankens des Absatz 1 enthielt, mit 13 gegen 4 Stimmen ergeben. Die Gründe für das wirtschaftspolitisch bedeutsame Gesetz waren teils technischer, teils wirtschaftlicher Natur gewesen. Es liessen sich in der Tat in beiden Beziehungen schwerwiegende Gründe dafür vorbringen; dazu kam auf seiten der Staatsregierung ein unverkennbares Affektionsmoment, das in der Entwicklungsgeschichte des Kalisalzbergbaues seine Erklärung hatte.

Der preussische Fiskus hatte diesen jüngsten Lieblingssprossen seines altehrwürdigen Staatsbergbaues unter mancherlei seltsamen Umständen und Fahrnissen aus der Taufe gehoben und mit zärtlicher Hingebung grossgezogen.

Diese verdoppelte sich noch, als der junge Pflegling bei allen vielverheissenden Eigenschaften in mancher Beziehung sich doch zu einem Sorgenkinde entwickelte, welches seinen Pflegern dadurch nur noch mehr ans Herz wuchs. Mit dem neuen Monopolgesetz sollte nun ein durchgreifender, wenn auch nicht leichter operativer Eingriff unternommen werden, mit dem die gesunde Fortentwickelung des jungen Bergbaues ein für alle Mal, soweit es die bereits geschaffenen Verhältnisse zuliessen, sicher gestellt werden sollte. Von solchen Erwägungen aus, deren Unterlagen im einzelnen später genauer zu prüfen sein werden, war der Grundgedanke des Gesetzes an sich zunächst als richtig anzuerkennen, über seine praktische Durchführbarkeit und die etwa einzuschlagenden Wege konnte man dagegen nach mehr wie einer Richtung hin verschiedener Ansicht sein. In der Tat erhob sich auch von vornherein über die Regierungsvorlage ein lebhafter Streit der Meinungen, an dem auch entschiedene Freunde einer gesetzlichen Neuregelung in grundsätzlichem Sinne nicht unbeteiligt blieben. Bei näherer Prüfung erwies sich, dass, wie man auch die Wege hierzu wählen wollte, der Durchführung des in seinen Voraussetzungen als grundsätzlich richtig anerkannten und in weiten Kreisen populären Reformgedankens Hindernisse entgegenstanden, die, je weiter man in den Beratungen des Hauses und namentlich in der Kommission in die Materie eindrang, um so schwieriger zu beseitigen schienen. Es musste eben das Gesetz entweder empfindliche Lücken behalten, oder man musste sich über gewichtige rechtliche Bedenken hinwegsetzen, durfte ev. auch schwere Geldopfer nicht scheuen, wenn man überhaupt zu einem Ziele gelangen wollte. Natürlich hatte man sich auch an den massgebenden Stellen hierüber nicht getäuscht, und es war auch für sie die Frage schliesslich nur die gewesen, welche Härten man als die erträglichsten mit in den Kauf nehmen wollte. Ganz zu umschiffen waren eben die durch die vorausgegangene Entwicklung geschaffenen Klippen nicht mehr! Diese bestanden in der

Hauptsache in zwei Richtungen. Einmal war es das in der Provinz Hannover geltende Grundeigentümerrecht auf Salze, mit dem die geplante Neuordnung schwer vereinbar erschien; sodann war für die Durchführung des gesetzgeberischen Gedankens der im Geltungsbereich des Mutungsrechts auf altpreussischem bergrechtlichen Gebiet bereits emporgediehene Privatbergbau auf Kalisalze empfindlich störend.

Der erstmalige Regierungsentwurf nahm zu dem damit sich ergebenden mehrfachen Zwiespalt in verschiedener Weise Stellung. Für die Provinz Hannover wurden alle Sonderrechte, abgesehen von den aus der Zeit vor dem 8. Mai 1867 — Erlass der Verordnung betr. Einführung des Allgemeinen Berggesetzes in Hannover — stammenden und den durch Gewinnung oder durch Mutung unter gewissen Voraussetzungen bereits existent gewordenen Berechtsamen beseitigt, im übrigen dagegen wurde der bereits vorhandene und rechtlich gesicherte private Kalisalzbergbau von der Geltung des Gesetzes ausgeschlossen. Teils die Ungleichmässigkeit in der Ansehung der verschiedenen Rechte an sich, teils die Aberkennung „wohlerworbener" Rechte in Hannover und hinwiederum die der schon bestehenden Privatindustrie durch das Monopol auf „gesetzlichem" Wege eingeräumte wirtschaftliche Vorzugsstellung boten an sich nicht unbegründete Angriffspunkte gegen das Gesetz; ausserdem weckte dieses natürlich auch durch den darin gefundenen staatssozialistischen Geist lebhafte Widersprüche der freihändlerischen Parteien, die sowohl in den Beratungen des Hauses wie im besonderen auch in einer Denkschrift des Vereins für die bergbaulichen Interessen im Oberbergamtsbezirk Dortmund ihren Niederschlag fanden. Indessen wäre die nach dieser Richtung, wie zu erwarten war, sich bemerkbar machende, mehr doktrinäre Abneigung allein schliesslich der Vorlage doch wohl kaum verhängnisvoll geworden, — konnte doch überhaupt nur eine Mehrheit von 6 Stimmen dagegen aufgebracht werden! — wenn nicht jene praktischen Bedenken, deren Berechtigung im einzelnen später näher zu prüfen sein wird, noch dazugekommen wären. Durch die nachträgliche Aenderung bezüglich der Provinz Hannover, nach welcher diese gleichfalls ausgeschlossen bleiben sollte, schienen diese Bedenken erst recht nicht gemildert, und der ganze Zweck des Gesetzes schien überdies mit dieser Durchbrechung zu sehr in Frage gestellt. Mit welchem Recht, wird später auch zu untersuchen sein. Der ganze bestehende Widerstreit musste sich nach Lage der Sache zuletzt auf die Frage zuspitzen: Waren die Gründe für die Vorlage derartig gewichtig, dass sie die offenkundigen, auch von ihren grundsätzlichen Anhängern nicht zu leugnenden Mängel überwogen oder nicht? Auf welcher Seite lag das kleinere Uebel?

Wie oftmals in solchen Fällen, auch gerade in der Gesetzgebung, hatte man auch hier zur Beurteilung der sehr mannigfachen einspielenden Fragen, wenn man an ihre gewissenhafte Prüfung heranging, grossenteils keine fest gegebene Grössen zur Hand, sondern man musste sich vielfach auf Berechnungen und Annahmen stützen, für die auch nur einigermassen erfahrungsmässig gesicherte Unterlagen bislang nicht zu gewinnen gewesen waren. Namentlich war in dieser Beziehung die voraussichtliche Nachhaltigkeit des Kalisalzbergbaues von Bedeutung, die einesteils in Hinblick auf den möglichen Einfluss der Wassergefahr, andernteils in Hinblick auf die Unbestimmbarkeit der vorhandenen Vorräte und des Masses des Verbrauches in der Zukunft schwer zu beurteilen war. Auch der Fortschritt der Technik hinsichtlich der Abbaumöglichkeit sehr tiefer Kalisalzlager spielte eine Rolle. Ferner kamen in Betracht die höchst wichtige Monopolitätsfrage für Deutschland; die Möglichkeit des Aufkommens von Surrogaten für das mineralische Kalidüngungsmittel u. s. w.

Heute, nach Verlauf eines fast zehnjährigen Zeitraumes, sind diese Fragen zum Teil nach wie vor noch offen geblieben. Zum andern Teil hat diese Zeitspanne jedoch ausgereicht, die Probleme schon wesentlich abzuklären, und manche damals lebhaft umstrittene Verhältnisse haben inzwischen eine so feste Gestaltung gewonnen, dass sie, wenn damals bereits vorliegend, schon wesentlich besser brauchbare Handhaben für die Prüfung der Vorlage geboten haben würden. Unter diesen Umständen liegt die Frage nahe, welches Schicksal diese wohl gehabt haben würde, wenn die inzwischen gemachten Erfahrungen schon damals vorgelegen hätten. Wohlgemerkt, würden für den Fall der damaligen Annahme der Vorlage diese Erfahrungen zum Teil heute nicht vorliegen können, da die Entwicklung der Kali-Industrie dann eine ganz andere Richtung eingeschlagen haben würde. Darauf kommt es aber hier nicht an; es mag auch davon abgesehen werden, ob dieser Frage heute nur ein akademischer Wert beizumessen ist oder nicht, immerhin ist ihre Erörterung bei der gegenwärtigen Lage der Verhältnisse in der Kali-Industrie nicht ganz unzeitgemäss. Spielen doch manche staats- und volkswirtschaftliche, sowie handelspolitische Momente hinein! Ist für Betrachtungen nach solchen Richtungen hin ein — (noch nicht einmal ganz volles —) Jahrzehnt — ein solches sollte eigentlich für diese Veröffentlichung abgewartet werden — ein kurzer Beobachtungszeitraum, so ist doch zu beachten, dass der Fortschritt der Kali-Industrie ein ungewöhnlich schneller und stellenweise sprunghafter gewesen ist. Auch bietet gerade die gegenwärtige Entwicklungsstufe dieser Industrie mit ihren vorübergehend zu beobachtenden, anscheinend freilich noch wenig erfolgreichen Ansätzen zu trustartigen Bildungen, der Gefahr der Kapitalisierung mit ausländischem Gelde, der Gefährdung der bisher geübten Handelspolitik, ihren zeitweiligen Marktbeunruhigungen, wie sie auch in diesem Jahre wieder hinter den Kulissen gespielt haben, eine Fülle des Stoffes zu kritischen Betrachtungen. Alle diese Momente hängen auch mit der weiteren Entwicklung der Kartellpolitik in der Kali-Industrie auf das innigste zusammen.

Sowohl in der dem am 8. Februar 1894 mit Allerhöchster Genehmigung vom 6. Februar 1894 dem Hause der Abgeordneten vorgelegten Entwurf eines Gesetzes, betr. die Aufsuchung und Gewinnung der Kali- und Magnesiasalze beigegebenen Begründung wie in den Beratungen des Hauses trat eine mehr oder weniger scharfe und bewusste Scheidung der Gründe in technische und wirtschaftliche hervor. Ganz folgerichtig lässt sich diese Abgrenzung bei den vielfach ineinander überfliessenden technischen-geologischen, wirtschaftlichen und politischen Gesichtspunkten allerdings nicht durchführen, immerhin bietet sie für die Gliederung des vielgestaltigen Stoffes eine annehmbare Handhabe. So wird auch hier bei der näheren Untersuchung darüber, wie die Verhältnisse in den einzelnen umstrittenen Punkten sich seither gestaltet haben, zweckmässig von den technischen Fragen auszugehen sein. Im Vordergrund stand die Wassergefahr.

Von tatsächlichen hierauf bezüglichen Vorgängen ist kurz folgendes zu verzeichnen. Auf dem Stassfurt-Egelner Sattel, dem Sitz des alten Stassfurter Kalisalzbergbaues im engeren Sinne, sind von den daselbst betriebenen 8 Unternehmungen 4, also die Hälfte seit 1894 — frühere Ereignisse kommen hier nicht unmittelbar in Betracht — von Wasser-(Laugen-) Durchbrüchen betroffen worden. Im April (10.) 1900 musste der Betrieb des Herzoglich Anhaltinischen Salzwerks Leopoldshall endgültig eingestellt werden, nachdem trotz der weitgehendsten zur Sümpfung gemachten Anstrengungen das Wasser bis zu den obersten Etagen aufgegangen und die Oberfläche bereits bedenklich in Mitleidenschaft gezogen war. Dem nämlichen Schicksal verfiel nicht lange darauf die an das Bergwerk Leopoldshall anstossende Schachtanlage Achenbach des Preussischen Fiskus. Demnächst sind von hier aus die Wasser auch in das auf dem Südwestflügel des Stassfurter Sattels an das Königlich Preussische Werk sich anschliessende Salzbergwerk Neustassfurt eingedrungen. Ohne unmittelbaren Zusammenhang mit diesen Vorgängen ereignete sich bereits im Jahre 1895 (am 23. September) ein vierter Fall ähnlicher Art auf den Kaliwerken Aschersleben, durch den der Schacht III dauernd ausser Betrieb kam. Abgesehen von dem umfassenden Schaden, der von den 3 erstgenannten Wassereinbrüchen angerichtet wurde, ist diesen eine besondere Bedeutung dem letzteren gegenüber beizumessen, weil dabei die Erscheinung zu Tage trat, dass die Ersaufungsgefahr ungeachtet der die Baufelder der drei einzelnen Werke isolierenden Sicherheitspfeiler von einem zum anderen Werke übergegriffen hatte. Es war damit erwiesen, dass derartige Sicherheitspfeiler zwischen getrennten Grubenbetrieben auf einer zusammenhängenden Salzlagerstätte einen zuverlässigen Schutz gegen Auflösung durch Wasser nicht bieten. Die Erklärung dafür ist nicht schwer. Diese Gefahr ist eben in der innersten Natur des Salzbergbaues begründet.

Die mit dem Grubenbetriebe stets verbundene Herstellung von Weitungen im Erdinnern, zumal von solchen Abmessungen, wie im Salzbergbau, erzeugt naturgemäss Druck in den überlagernden Gebirgsschichten, und damit ist die Möglichkeit immer gegeben, dass zufolge der durch den Druck herbeigeführten mehr oder minder starken Aufberstung des Deckgebirges den Wassern der Zugang zu dem Salzlager geöffnet wird. Dieser an sich stets bestehenden Gefahr kann nun durch besondere Umstände oder künstliche Mittel entgegengewirkt werden. In ersterer Beziehung bieten bekanntlich die aufgelagerten jüngeren Steinsalzbildungen einen wirksamen Schutz; bei genügend starker Entwicklung können sie eine Durchbiegung und Zertrümmerung des wasserführenden Deckgebirges und der Uebergangsschichten abhalten. Es wird aber die wohltätige Wirkung des jüngeren Steinsalzes als schützender Decke von Kalisalzlagern mehr oder weniger aufgehoben, wenn es nicht durchweg oder nicht überall in genügender Stärke über solchen auftritt. Fehlt es partieweise ganz oder nahezu, und legen sich an seiner Seite die Buntsandstein- oder noch jüngere Schichten über dem Salzton und Anhydrit an, so kann damit der Schutz einer sonst gut entwickelten Steinsalzdecke für den ganzen Salzstock gegenstandslos werden. Ebenso verhält es sich mit einer Anhydritdecke, die an sich bei genügend starker Ausbildung auch einen Schutz gewähren kann, die aber unter den oben bezeichneten Umständen ähnlich, wie bei einer jüngeren Steinsalzschicht, in der Gesamteinwirkung ihren Zweck doch nicht erfüllt.

Werfen wir in dieser Beziehung einen flüchtigen Blick auf die Stassfurter Verhältnisse, so finden wir, dass eben auch hier die Ausbildung des jüngeren Steinsalzes und des Anhydrits eine ungleichmässige ist. Die Profile zeigen bezüglich dieser Schichten fast nie ganz gleiche, manchmal auf kurze Entfernungen schon sehr verschiedene Bilder. Die Schachtprofile der Kaliwerke Aschersleben zeigen z. B. teilweise — Schacht III u. a. — gar kein, teilweise ein sehr mächtiges jüngeres Steinsalzlager — auf Schacht IV = 19 m —. Auch auf dem Kgl. Preussischen Werk ist ähnliches zu beobachten. Auf dem v. d. Heydt- und Manteuffelschacht fehlt ein oberes Steinsalzlager gänzlich; der etwa 1 km nordwestlich im Streichen und annähernd 100 m im Hangenden vom v. d. Heydtschachte stehenden Schacht Achenbach hat ein jüngeres Steinsalzflöz von ca. 15 m Mächtigkeit erschlossen. Die Anhydritdecke ist auf dem Manteuffelschacht des Preuss. Werkes ca. 80 m, auf dem auf dem nämlichen Sattelflügel stehenden südlichen Leopoldshaller Schachte dagegen nur ca. 15 m mächtig. Im Grubenfelde der Kons. Alkaliwerke Westeregeln sind stellenweise ähnliche Verhältnisse nachgewiesen. Im Gesamtergebnis — im einzelnen braucht der Gegenstand hier nicht weiter verfolgt zu werden — zeigt also gerade das als Normaltypus für Kalisalzlagerstätten geltende Stassfurter Lager in seinem tektonischen Aufbau unabweisbare Gefahrenquellen für eine Vernichtung seiner wertvollen Salze durch Ersaufen. Nicht unerwähnt mag bleiben, dass auch die Beschaffenheit des Anhydrits hierbei von Bedeutung ist.

Wenn nun die den Kalisalzen aufgelagerten Schichten, so wertvoll sie für ihre Erhaltung im Stadium ihrer geologischen Bildung waren, sich für ihren Schutz bei der bergmännischen Ausbeutung als nicht durchaus zuverlässig erweisen, so fragt es sich weiter, wie es sich dabei mit den künstlichen Schutzmassregeln verhält. Der durch

Sicherheitspfeiler zwischen verschiedenen Bergwerken geschaffene Schutz wurde bei Erwähnung der Wasserdurchbrüche bei Stassfurt bereits berührt. Die Wirksamkeit dieser erfahrungsgemäss nicht immer zureichenden Massregel kann durch hohe Abmessungen entsprechend gesteigert, wenn auch nicht absolut erreicht werden; natürlich finden aber auch diese an wirtschaftlichen Rücksichten eine Grenze.

Ein anderes, besonders beachtenswertes Schutzmittel gegen Durchbrechungen der hangenden, wasserabschliessenden Schichten bietet das Verfüllen der durch den Abbau der Lagerstätten gebildeten Grubenräume. Dieses Verfahren verspricht namentlich guten Erfolg, wenn es gelingt, den Abschluss gegen das hangende Gebirge — Salzton u. s. w. — vollkommen dicht zu gestalten, so dass dessen gefährliche Druckeinwirkungen gar nicht zur Erscheinung kommen können. Es kann dies namentlich erreicht werden, wenn eine Versatzmasse angewandt wird, bei der nicht nur ein dichter mechanischer Abschluss, sondern auch eine stoffliche Verbindung, eine Art Abbinden mit den hangenden Salzton oder Salz stattfindet, ähnlich wie bei Zement oder Beton unter anderen Verhältnissen. Kieseritschlämme mit einem gewissen Feuchtigkeitsgehalt haben diese Eigenschaft; ihre Verwendung in Verbindung mit anderen Gemengteilen ist daher tunlichst anzustreben. Es bleibt jedoch, abgesehen von den in mehrfachen Ursachen, z. B. auch der Beschränkung des Materials begründeten Schwierigkeiten, einen solchen Versatz in der gewünschten Vollkommenheit herzustellen, der Erfolg für die Sicherung ausgedehnter Grubengebäude immer noch ungewiss, da eine Durchtrittsstelle der Wasser oder eine lokale Durchbrechung der Deckschichten genügen kann, um weitere beträchtliche Partieen des Lagers zu gefährden. — Die sorgfältigste Versatzmethode kann also leicht durch konkurrierende, unglückliche Umstände zwecklos werden. Aehnlich verhält es sich mit den anderen Schutzmassregeln, dem Verdichten von Bohrungen in der Grube, Abdämmen von Klüften, Schlotten, Spaltungen, wasserführenden Durchbruchstellen aller Art. Sind hangende Wasser erst einmal in Bewegung gebracht und auf das Salzlager gezogen, so sind sie schwer abzuschliessen und die Gefahr, dass sie irgend einen Weg zu den Grubenbauen finden, schwer zu beseitigen. Besonders nahegerückt wird die Möglichkeit von Wasserzugängen begreiflicher Weise durch einen weit vordringenden Abbau des in den obersten Schichten der Kalisalzlagerstätten auftretenden Kainits und Sylvins. Alle derartige Gefahrmomente werden von besonders schwerwiegender Bedeutung im Rahmen eines grösseren Salzstockes, der von mehreren Unternehmungen gleichzeitig ausgebeutet wird, wie es z. B. auf dem Stassfurter Sattel der Fall ist. Für ein vereinzelt gelegenes Werk ist die Gefahr einmal an sich weniger drohend und dabei in ihren Wirkungen weniger bedenklich. Ihre Entstehungsquellen sowohl wie ihre Folgen wachsen aber progressiv mit der Anzahl der Werke, die an der Ausbeutung eines und desselben Lagers gleichzeitig teilnehmen.

In der Begründung zur Kalivorlage wurde der in den geschilderten Verhältnissen begründeten Unsicherheit für den Bestand der Kalisalzlager nachdrücklichst Rechnung getragen. Es wurden auch besonders die Bedenken betont, die an die Zunahme der Bergwerke insbesondere auf derselben Lagerstätte in Verbindung mit der Wassergefahr zu knüpfen seien. Auf Seiten der Gegner der Vorlage wurde im allgemeinen die Ersaufungsgefahr anerkannt, indessen hielt man die daran geknüpften Besorgnisse für die Zukunft der Industrie für zu weit gehend. In der erwähnten Vereinsdenkschrift wurde nach längerer Erörterung dieser Gefahr der Ansicht Ausdruck gegeben, dass ihr mit „ziemlicher Sicherheit technisch vorgebeugt“ werden könne und dann nach den Worten: „Zeigt es sich also, dass die Begründung, soweit sie auf technischer „Grundlage beruht, nicht stichhaltig ist“, zur Besprechung der wirtschaftlichen Begründung übergegangen. Ein ähnlicher Standpunkt wurde von der nämlichen Seite in den Beratungen des Abgeordnetenhauses vertreten. Von einer Seite wurde noch darüberhinaus die Bedeutung der Wassergefahr auch an sich bezweifelt, und zwar gerade von dem einflussreichen Vertreter eines grossen, zur Beurteilung solcher Fragen besonders berufenen Interessenverbandes. Dabei wurde der Steinkohlenbergbau — es mag dies als Kuriosum hervorgehoben werden, — mit dem Kalisalzbergbau in Vergleich gestellt. Ein Ersaufen von Kohlenzechen sei keine Seltenheit und daher dieses keine Eigentümlichkeit des Kalibergbaues. Es wurde auch auf Leopoldshall hingewiesen, wo ja auch „Pumpen eingebaut, kurz alle Vorbereitungen getroffen seien, die notwendig seien, um die Wasser zu bewältigen, und es könne wohl angenommen werden, dass solche Katastrophen sich nicht so leicht wieder ereignen werden.“ Wie weit diese Meinungsäusserung, die gerade von der bezeichneten Stelle aus für das Schicksal des Kaligesetzes gewiss nicht wenig massgebend wurde, von der Wirklichkeit entfernt war, haben die Tatsachen inzwischen gelehrt. Auch ausserhalb des Stassfurter Reviers.

Um auch über die dahin gehörigen bemerkenswerten Vorkommnisse einen kurzen Ueberblick zu geben, so sind zwei Fälle zu erwähnen, in denen in blühendem Betrieb stehende Werke von Durchbrüchen heimgesucht wurden, die leicht hätten verhängnisvoll werden können. Wenn in beiden Fällen, die nicht im Zusammenhang mit einander standen, die Folgen dank schneller, teilweise äusserst energischer Gegenmassregeln haben abgewendet werden können, so entbehren sie für die Würdigung der Ersaufungsgefahr doch keineswegs der Bedeutung. Ernste Beachtung verdienen ferner diejenigen Fälle, in denen während des Abteufens Schächte ersoffen sind, wenn diese bereits das Salz ganz oder nahezu erreicht hatten und in Schichten standen, die schon von Salz imprägniert waren. Bekannt ist das Schicksal des Schachtes Hermann der Kaliwerke Benthe, Aktiengesellschaft in Hannover, der am 5. Oktober 1901 dem plötzlichen Zudrang fast gesättigter Salzlaugen erlag, als er bereits 75 Meter in festem Steinsalz anstand. Ein Fall, wo ein Schacht in den hangenden Schichten des Salzes durch Laugen zum Ersaufen kam, ereignete sich auf dem benachbarten Schacht Albert der Alkaliwerke Ronnenberg Aktiengesellschaft, Hannover. Hier brach bei 125 Meter Tiefe auf der Schachtsole in sandigen Tonen mit Gypseinlagerungen 26prozentige, also völlig gesättigte Chlornatriumlösung durch. Bekanntlich hat man auch auf dem Schacht der markscheidenden Gewerkschaft Hansa-Silberberg mit erheblichen Wasserschwierigkeiten zu kämpfen. Die genannten Werke gehören zur sog. Hansagruppe, einer Reihe von Unternehmungen, die auf das hauptsächlich durch die Saline Egestorffshall bekannte Salzlager südwestlich von Linden v. Hannover gegründet sind und zu der noch die Gesellschaften Benther Berg, Justenberg, Deutschland, Ver. Hansa u. a. gehören. Ob es gelingen wird, genügend gesicherte Schächte für einen nachhaltigen Bergbau dort überhaupt niederzubringen, muss der Zukunft überlassen bleiben. Jedenfalls darf man sich der Möglichkeit nicht verschliessen, dass der Nutzwert der dortigen Kalisalzlager durch die nunmehr geschaffenen Verhältnisse gefährdet ist. Dass mittelbar auch der Betrieb der Saline Egestorff dabei mitgewirkt haben kann, mag noch bemerkt werden. Ein weiterer Fall ähnlicher Art wie die vorbeschriebenen, trug sich auf dem Schacht der Gewerkschaft Wilhelmshall b. Oelsburg zu. Andere geringfügigere Fälle sind weniger, mögen z. T. gar nicht bekannt geworden sein.

Nun fehlt es auf der anderen Seite nicht an solchen, in neuerer Zeit aufgeschlossenen Kalisalzvorkommen, die im Hinblick auf eine Gefährdung durch Wasser ein günstigeres Bild darbieten. So weist u. a. das an die Hainleite angelehnte, ziemlich weit ausgestreckte Salzlager, welches die Felder des kgl. preuss. Kalisalzbergwerks Bleicherode, der Gewerkschaft Glückauf Sondershausen, der Gewerkschaften Heldrungen I u. II, des Privatwerks Bleicherode (Schmidtmann) sowie der Gesellschaften Hainrode und Robertshall u. a. aufnimmt, in seiner Struktur eine bemerkenswerte Regelmässigkeit und in mancher Beziehung auch Aehnlichkeit mit dem Stassfurter Lager auf. Durch die niedergebrachten Tiefbohrungen sind fast durchweg über den eigentlichen Kalisalzbetten eines oder mehrere obere Steinsalzlager und mehr oder weniger mächtige Bänke von Anhydrit und Salzton nachgewiesen. Auffallend ist in manchen Partien die häufige Wechsellagerung der hangenden Steinsalz-, Anhydrit- und Salztonlager. Nach den vorliegenden Aufschlüssen fehlt es allerdings auch hier nicht ganz an Stellen, wo ein unvermittelter Uebergang der hangenden Buntsandstein- oder noch jüngerer Schichten zum Salz stattfindet. Es darf also auch bei der Ausbeutung dieser wertvollen Kalisalzlager nicht ohne Vorsicht vorgegangen werden, zumal da das Einfallen vielfach ein flaches, also hinsichtlich der Wirkungen des Gebirgsdruckes ungünstigeres ist, und auch hier die Werke — was besonders ins Gewicht fällt — verhältnismässig eng zusammengedrängt sind.

Aehnliche Verhältnisse finden sich auf den thüringischen Werken im Südwesten des nordwestlichen Hauptgebirgsstocks des Thüringer Waldes in der Gegend von Salzungen. Diesen unter dem Namen „Werragruppe“ bekannten Unternehmungen ist eine ausgesprochen flache Lagerung bei plattenförmiger flözartiger Ausbildung der Lagerstätten eigentümlich. Die Aufschlüsse der teils betriebenen, teils im Schachtabteufen begriffenen Werke der Gewerkschaften Kaiseroda, Bernhardshall, Grossherzog von Sachsen, Wintershall und Alexandershall, sowie verschiedener anderer Gesellschaften, darunter Grossherzogin Sophie, Sachsen-Weimar u. a. haben ein flachmuldenartig nach allen Seiten ziemlich gleichmässig entwickeltes Kalisalzbecken nachgewiesen, dessen Schichten überall ziemlich gleichartig aus Steinsalz, Anhydrit, Letten und Dolomiten bestehen. Das Steinsalzlager kann im allgemeinen als genügend stark für die Aufnahme des Gebirgsdrucks angesehen werden, namentlich angesichts der geringen im allgemeinen bis zu 10 Meter höchstens betragenden Mächtigkeit der auszugewinnenden

Kalisalzschichten, stellenweise ist es aber auch zu verhältnismässig schwacher Entwicklung gelangt (nach einzelnen Profilen ca. 20 m mächtig.) Vorsicht ist also auch hier für die ziemlich zahlreich auf dem Lager etablierten Unternehmungen geboten, namentlich mit Rücksicht auf den fast nie fehlenden, manchmal ziemlich nah über dem Steinsalz durchsetzenden, viel Wasser führenden Plattendolomit. Gruppierungen ähnlicher, wenn auch nicht so ausgesprochener Art wie die vorbeschriebenen, lassen sich nun unter den Neuunternehmungen noch mehr verfolgen — vgl. z. B. Carlsfund, Salzdethfurt, Hildesia, Friedrichshall, Hohenfels u. a. — und die Form der örtlichen Vergesellschaftung wird, wie es ja geologisch in der Natur der Sache liegt, auch in der ferneren Ausbreitung der Industrie die vorherrschende bleiben. Dies tritt auch naturgemäss bei den sehr viel zahlreicheren Tiefbohrungen hervor, die für die Beurteilung der Gesamtsituation hinsichtlich der Wassergefahr auch nicht ausser Betracht bleiben dürfen.

In der Begründung zur Kalivorlage wurde auf die Beschränkung des Abbohrens der Lagerstätten als ein wirksames Mittel zur Abschwächung der drohenden Gefahr hingewiesen. Der dort vertretenen Ansicht, dass bei Fortdauer der Bergbaufreiheit auf Salze die Zahl der Stellen, wo durch Versuchsbohrungen das schützende Deckgebirge bis zum Salzlager durchstossen werde, eine sehr beträchtliche werden würde, haben inzwischen die Tatsachen allzu Recht gegeben. Dass dies häufig in übertriebenem Unternehmereifer ohne hinlängliche Aussicht auf Aufschluss rationell auszubeutender Kalisalzlager geschehen würde, wie es wirklich der Fall war — man braucht nur an die zahlreichen in jüngsten geologischen Horizonten angesetzten ergebnislos gebliebenen Bohrungen zu denken — war vorauszusetzen. Eine erschöpfende Zusammenstellung derartiger Unternehmungen würde nach vielen Hunderten zählen. Dass weitaus die meisten davon mit ihren klangvollen Namen alsbald wieder verschwunden sind, ändert nichts daran, dass sie, soweit sie salzfündig geworden sind — und das ist ein grosser Teil — für die Wassergefahr doch in Betracht kommen. Ein absolut sicherer Schutz wird auch durch die vorgeschriebenen Massregeln, das Verdichten u. s. w. selbst bei ihrer vorgeschrittenen Vervollkommnung nicht erreicht; auch die Aufsicht ist nicht immer mit genügender Schärfe durchzuführen. Der Schutz, soweit er zu erreichen ist, ist im Bereich der kalisalzführenden Lagerstätten natürlich immer mit Substanzverlust verbunden — ein Nachteil, der ebenfalls mit der Anzahl der Einzelwerke entsprechend wächst, da dadurch ja für gewöhnlich auch mehr Versuchsbohrungen bedingt werden. Es unterliegt wohl keinem Zweifel, dass z. B. auf dem besprochenen namhaften Vorkommen an der Hainleite die Anzahl der Tiefbohrungen eine wesentlich geringere geblieben sein würde, auch in der Zukunft, wenn sein Besitz in einer Hand vereinigt wäre. Ebenso wirkt eine Zersplitterung natürlich auch durch die notwendige Vermehrung der Markscheide-Sicherheitspfeiler wirtschaftlich ungünstig. Die Wassergefahr an sich erscheint aber — und das kann nicht genug betont werden — durch die örtliche Zusammendrängung gerade der erfolgreichen Bohrungen, wie solche im westlichen Norddeutschland, ganz neuerdings auch wieder in gewissen Gegenden der Provinz Sachsen zu verzeichnen sind, in besonders bedenklichem Licht. Namentlich, wenn man, wie in den Motiven zur Kalivorlage, von volkswirtschaftlichen Gesichtspunkten ausgehend, die Produktivität solcher Lagerstätten auf lange Sichten ins Auge fasst.

Die Gesamtheit der in der neuen Zeit hinsichtlich der Wassergefahr hervorgetretenen Erscheinungen ist also jedenfalls nicht dazu angetan, die seinerzeit von der Regierung für die Sicherheit der Industrie daran geknüpften Bedenken abzuschwächen. U. a. kommt dies auch in den neuen polizeilichen Vorschriften der in Betracht kommenden Aufsichtsbezirke zum Ausdruck, die eine erhebliche Verschärfung der Schutzmassregeln dagegen bedeuten.

Haben nach allem zu dieser Frage die Ereignisse also

ein deutlich vernehmbares Wort gesprochen, so erscheint die andere Frage der Nachhaltigkeit des Kalisalzbergbaues, soweit sie durch den Substanzvorrat einer- und die Grösse des Verbrauches andererseits bedingt wird, auch heute noch weniger erklärt. In beiden Beziehungen sind die Verhältnisse noch im Fluss, und ihre Weiterentwicklung erscheint auch in absehbarer Zeit noch nicht abgeschlossen. Immerhin liefert das Mass des bisherigen Fortschritts, namentlich hinsichtlich des Verbrauchs, auch eine gewisse Norm für die Beurteilung des ferneren, und es gewährt auch die seitherige umfangreiche Aufschlusstätigkeit bereits einen weit deutlicheren Ausblick auf die mutmasslichen Gesamtvorräte an Kalisalzen, wie vor 10 Jahren. Es soll in eine nähere Prüfung dieser Verhältnisse, möglichst wiederum an der Hand der Tatsachen, eingetreten werden.

Nördlich und südlich des Harzes tritt in mehr oder weniger steilen Sätteln und Mulden, stellenweise auch ganz flach wellenförmig ausgebildet, zumeist unter jüngeren Bildungen, salinisches Gebirge, soweit es produktiv an Kalisalzen ist, hauptsächlich der Zechsteinstufe angehörend, auf. Nördlich des Harzes waren schon zur Zeit der Kalivorlage an weit von einander entfernten Punkten Kalisalzlager durch Bohraufschlüsse und Tiefbauanlagen bekannt geworden, und den Mutmassungen über ihre Erstreckung in dem weiten Gebiet der Norddeutschen Tiefebene war also ein weiter Spielraum gegeben. In Mitteldeutschland waren damals gerade die ersten Funde gemacht worden, und man konnte sich über die Erstreckung der Lager, namentlich nach Süden, nur unvollkommene Vorstellungen machen. Nach den nunmehrigen Feststellungen umfassen Aeste des produktiven Salzgebirges — ob ein so gewaltiger zusammenhängender Salzstock, wie in der nördlichen Tiefebene, anzunehmen ist, ist zweifelhaft — bis zum Teil noch den Südwestabhang des Thüringer Waldes und der 50. Breitengrad — ungefähre Lage des Fichtelgebirges — scheint wohl die südlichste Grenze seines Vorkommens überhaupt anzugeben, während zwischen dem 50. und 51. Grad wenigstens strichweise noch damit gerechnet werden kann. Bei den bis heute nachgewiesenen Vorkommen handelt es sich zu einem Teile um solche, die ähnlich, wie das Stassfurter, sich über grössere Landstriche forterstrecken und einer grösseren Mehrheit von selbständigen Unternehmungen Raum gewähren; als solche sind zu nennen — zum Teil wurden dieselben schon in Verbindung mit der Wassergefahr besprochen — die Vorkommen an der Hainleite, an der mittleren Werra, bei Linden-Hannover, bei Lübtheen-Jessenitz in Mecklenburg, ferner solche in der Lüneburger Haide, neuerdings wieder in gewissen Teilen der Provinz Sachsen u. a.

Neben diesen ist eine Reihe räumlich isolierterer Becken bekannt geworden, die einige Quadratkilometer bedecken, während in der weiteren Umgebung die Bedingungen für die Ablagerung oder Erhaltung der Kalisalze gefehlt haben, oder wenigstens diese in einer nicht greifbaren Teufe verborgen liegen. Die Aufzählung aller ihrer Namen tut wenig zur Sache, würde ohnehin, da manche, z. B. vom Preussischen Fiskus, geheim gehalten werden, nicht vollständig sein können. Betrachtet man nun die Gesamtheit der Funde — überwiegend sind sie ja immerhin bekannt — in dem grossen Rahmen Mittel- und Norddeutschlands, so lässt sich jedenfalls der Eindruck nicht abweisen, dass darin das an Kalisalzen bis jetzt erwiesenermassen produktive, ziemlich bestimmt umgrenzte Gebiet — hierfür ist durch Konkurrenz- und Anschlussbohrungen meistens schnell gesorgt worden — doch räumlich stark zurücktritt. Dieser Eindruck wird noch deutlicher, wenn man das Bild in der Umkehrung betrachtet, nämlich die als unproduktiv erwiesenen Ländergebiete — hierzu werden auch solche mit etwa zu tief liegenden, nicht erreichten Kalisalzbetten zu rechnen sein — ins Auge fasst.

Das ganze Eichsfeld ist durch ca. ein halbes Hundert Tiefbohrungen ohne befriedigendes Ergebnis untersucht. Von ca. 30 Gesellschaften, die zur Aufschliessung des Solling und seiner Umgebung gegründet sind, ist eine von gutem Erfolg begleitet gewesen. In dem langgestreckten Leinetal, an das einst so viele Hoffnungen geknüpft wurden, ist bisher ein förderfähiges Werk entstanden; neuerdings ist noch eine zweite Schachtanlage auf dem dortigen Vorkommen etabliert worden. Verhältnismässig wenig befriedigend ist auch die sehr gründlich durchgeführte Untersuchung des Gebietes nördlich des Harzes bei Goslar, des nördlichen Flachlandes von Wernigerode und anderer seiner Zeit besonders günstig erscheinender Landstriche in der Umgebung des Harzes verlaufen. Aehnlich verhält es sich mit anderen Gegenden, die von den bekannten Kalisalzbecken zwar weit abliegen, doch geologisch günstige Vorbedingungen aufzuweisen schienen. So haben die im weiteren Umkreise der Stadt Osnabrück vorgenommenen Aufschlussarbeiten überhaupt keinem Unternehmen das Leben gegeben. Sehr umfangreiche Untersuchungen haben in dem ausgedehnten Flachlande von Peine bis nördlich von Celle stattgefunden. Auf Grund überschwänglicher Gutachten sind dort allein an bekannt gewordenen Bohrgesellschaften 30 in Tätigkeit getreten. In dem ganzen Gebiete wird man vorläufig mit zwei Werken rechnen dürfen. An wenigen anderen Stellen — bekannt 2 — sind Kalisalze zwar nachgewiesen, aber wenig mächtig und sehr tief, sodass sich für eine Ausbeutung schwerlich Kapital finden lassen wird. Auch im höheren Norden ist die Lüneburger Heide in weitem Umkreis durch eine grössere Reihe von Unternehmungen untersucht. Etwa ein Dutzend von zu diesem Zweck förmlich gegründeten Gesellschaften ist bekannt geworden. In dem ganzen Gebiet, das sich, soweit es noch Aufschlusspunkte einschliesst, von Salzwedel, Lüchow, Dannenberg, Hitzacker und der Mecklenburgischen Landesgrenze über Lüneburg bis nach Stade erstreckt, also die ganze Lüneburger Haide und noch angrenzende Ländergebiete umfasst, ist ein Fund bekannt geworden, der die Aussicht auf ein lebensfähiges Unternehmen eröffnet. Die Bohrungen mussten grossenteils in jüngeren Schichten — Tertiär, Diluvium, Kreide — nachdem sie schon ziemlich beträchtliche Teufen erreicht hatten, eingestellt werden. Auch das an die Haide anstossende Gelände nördlich von Braunschweig, bei Fallersleben in und um den Kreis Giffhorn ist im Anschluss an die Funde der Gewerkschaft Einigkeit bei Fallersleben der Schauplatz einer lebhaften Bohrtätigkeit gewesen, ohne dass ausreichende Unterlagen für weitere Werke, soweit bekannt, sich ergeben hätten.

Fasst man hiernach die Ergebnisse der in grossem Massstabe durchgeführten Feldesuntersuchung zusammen, so sind also bereits heute weite Länderstriche für die Abschätzung der Kalisalzvorräte auszuschalten, und damit erscheint der Kreis für die überhaupt mögliche Ausbreitung der Kali-Industrie jedenfalls schon erheblich enger gezogen, wie vor 10 Jahren. Es ist eben besonders zu berücksichtigen, dass die abgebohrten Gebiete die Vorbedingungen für günstige Erfolge an sich in besonderem Masse aufwiesen, und dass andere weitausgedehnte Länderstriche aus technischen und geologischen Gründen für eine selbst mit weitgehendem Risiko vorgehende Bohrspekulation ausser Betracht fallen. Nun ist das gegenwärtig sich darbietende Bild zweifellos noch vielfachen Aenderungen durch neue und vielleicht zum Teil recht überraschende Aufschlüsse ausgesetzt, andererseits auch, wenn auch kaum in sehr erheblichem Umfange, durch bisher geheim gehaltene Funde. Dagegen ist aber auch zu berücksichtigen, dass der über die bereits aufgeklärten Gebietsteile gegebene Ueberblick der Natur der Sache nach ebenfalls ein vollständiger nicht sein kann. Sämtlichen in den verschiedensten Gebieten zersplitterten Tiefbohrungen nachzuforschen, würde eine fruchtlose Sisyphusarbeit sein. Es wird also jedenfalls mehr Gebiet ausser Betracht zu stellen sein, als sich nach den gezeichneten allgemeinen Umrissen schon ergibt. Immerhin bleiben in einem Ueberschlag des Kalisalzreichtums heute noch wesentliche Lücken, die Aufschlusstätigkeit ist, wenn auch gegen frühere Perioden merklich abgeschwächt, doch noch im Fluss, und für weitere Erfolge bleibt immer noch Spielraum. Das aber dürften unsere heutigen Erfahrungen mit Sicherheit ergeben haben, dass die Beratungen der Kalisalzvorlage im Jahre 1894 auf allen Seiten im Zeichen einer Ueberschätzung gestanden haben, nicht wenig trug eben hierzu der frische, noch lebhaft nachwirkende Eindruck der in Hannover und in Thüringen, hier auf ganz jungfräulichem Boden, gemachten neuen Funde bei. Für manche schien damit die Ausdehnung der Kalisalzstätten in Nord- und Mitteldeutschland keine Grenzen mehr zu kennen.

Regierungsseitig stand man den Neuaufschlüssen skeptischer gegenüber. Den mitteldeutschen vielleicht allzu skeptisch, während die der Entwicklung in Hannover entgegengebrachten Zweifel heute z. T. eher berechtigt erscheinen. Gerade mit Hannover wurde aber in den Beratungen stark operiert.

Von den neuen Funden ausgehend, versuchte man die Frage der Nachhaltigkeit des Kalisalzbergbaues, die ihrer zweifellos grossen Bedeutung für das Verstaatlichungsproblem entsprechend einen breiten, ja den breitesten Raum in den ganzen Erörterungen einnahm, auch in der Weise zu prüfen, dass man die Schätzung der Vorräte auf zahlenmässige Grundlagen stellte. U. a. waren hierfür auch Angaben der Staatsregierung vorbildlich gewesen. Der Handelsminister hatte den im fiskalischen Besitz befindlichen Vorrat auf 41 Milliarden dz beziffert, angeblich einer Förderdauer unter Zugrundelegung der damaligen Gesamtproduktion von etwa 2000 Jahren entsprechend. An diesen Ueberschlag, dessen Höhe heute schwer anders als durch eine zu sehr verallgemeinernde Uebertragung der Stassfurter Verhältnisse auf anderweitige Funde oder durch sonstige Schätzungsfehler erklärt werden kann, war von gegnerischer Seite u. a. eine Berechnung unter Einbeziehung sämtlicher Neufunde angeknüpft, die ein kalisalzführendes Areal von 12 000 Quadratkilometer entsprechend 16 000 Jahre Produktionsdauer — (= 2000 Jahre: 1500 Quadratkilometer —) ergab. Es verlohnt sich, derartigen Angaben, deren schwerwiegender Einfluss auf das Schicksal der

Vorlage klar erhellt, näher zu treten. 12 000 Quadratkilometer entspricht ungefähr dem halben Flächeninhalt der Provinz Sachsen (25 250 Quadratkilometer). Hiernach müsste also ein Areal von der ungefähren Grösse der halben Provinz Sachsen mit Kalisalzen gesegnet sein. Bei näherer Betrachtung eines solchen Bildes ergibt sich aber, — „kaligeographische“ Karten sind auch im Buchhandel erschienen — dass von dem gesamten Gebiet des ergiebigsten aller Landesteile doch nur ein verhältnismässig recht geringer Teil wirklich kalisalzführend ist. Der ganze Norden des Regierungsbezirks Magdeburg, — in der Hauptsache das gleichnamige Bergrevier darstellend — scheidet mit den Kreisen Osterburg, Stendal, Salzwedel, Jerichow 1 u. 2, Stadtkreis Magdeburg gänzlich und mit den Kreisen Wolmirstädt, Neuhaldensleben und Gardelegen mit verschwindenden Ausnahmen, hauptsächlich im Allergebiet, aus. Damit kommt schon eine Fläche von mehr als 8½ Tausend Quadratkilometer in Wegfall. Betrachtet man die anderen Kreise des im ganzen 11 513 Quadratkilometer grossen Regierungsbezirkes, nämlich Halberstadt, Wanzleben, Kalbe, Aschersleben, Oschersleben und Wernigerode, die mit Ausnahme des letzteren ganz und z. T. von Aschersleben, hauptsächlich das für die Kali-Industrie wichtigste Bergrevier Halberstadt ausmachen, so tritt auch in diesem verengerten Rahmen das kalisalzführende Gebiet noch sehr stark zurück und selbst die wegen des Stassfurter Lagers im Vordergrund stehenden Kreise Kalbe und Aschersleben mit einem Flächeninhalt von zusammen 981 Quadratkilometer können bei weitem noch nicht ganz in die Rechnung eingestellt werden. Der demnächst in Betracht kommende Regierungsbezirk Merseburg birgt in einigen seiner 17 Kreise bauwürdige und z. T. anscheinend auch ausgedehntere Kalisalzvorkommen. Die von ihnen bedeckte Fläche wird aber in dem ganzen 10 209 Quadratkilometer grossen Gebiet im Verhältnis kaum grösser, sondern eher geringer sein wie im Regierungsbezirk Magdeburg. Durch die Aufschlüsse im dritten, im ganzen nur 3530 Quadratkilometer grossen Regierungsbezirk Erfurt, wird die Rechnung erst recht nicht in anderem Sinne beeinflusst. Im Gesamtrahmen der Provinz erstrecken sich die Kalisalzlager doch nur auf räumlich ganz untergeordnete Partien, und in Analogie dieser Tatsachen dürften sich Schätzungen derselben nach Tausenden von Quadratkilometer Flächeninhalt überhaupt als zu gewagt erweisen. Mit exakten Zahlen lässt sich freilich diesen Fragen schwer beikommen. Wollte man einen andern, vielleicht nicht sehr fernliegend erscheinenden Weg einschlagen, und von den Feldesgrössen der Werke ausgehen, so betragen z. B. die Berechtsamen von 10 der bekannteren — darunter der grössten — Gesellschaften zusammen 237 Quadratkilometer (35 + 11 + 9 + 17 + 10 + 15 + 70 + 48 + 13 + 9 = 237.) Stellt man nun bei einem für den heutigen Stand der Verhältnisse ziemlich weiten Ausblick 50 Werke auf dieser Grundlage mit einer Berechtsame von je 23,7 Quadratkilometer = ca. 10 preussischen Feldern in Rechnung, so ergäbe sich ein Areal von etwas über Tausend Quadratkilometer insgesamt. Ein solcher, wie eben gemachter Ueberschlag lässt aber unberücksichtigt, dass das verliehene Feld durchaus nicht überall, sondern auch wieder nur zu einem Bruchteil wirklich kalisalzführend ist. Hiermit ergibt sich auch der in den damaligen Beratungen angestellte Vergleich mit der Ergiebigkeit der Steinkohlenfelder als hinkend. Eine Substanzberechnung auf ähnlicher Grundlage wie bei diesen, ist hier untunlich. Bei der mehr lager- oder stockartigen Ausbildung der Kalisalzlagerstätten ist ihr Aushalten mehr ungleichmässig und intermittierend. Dafür ergeben sich auf der anderen Seite allerdings partieweise grössere Mächtigkeiten. Bei der Art der Bildung der Kalisalzlager wird aber anzunehmen sein, dass lokale Anhäufungen in der Regel auf Kosten der Ergiebigkeit in der Fortsetzung platzgreifen. Mit den wiederholten Ueberflutungen und Zusammenströmungen reicher Laugenmengen an gewissen Punkten, denen mächtige Kalisalzbecken zugeschrieben werden, wird man doch naturgemäss den Begriff einer gewissen Lokalisation solcher Becken innerhalb eines weiteren Umkreises, aus dem sich die Zuflüsse immer wieder ergänzen mussten, zu verbinden haben. Nun wurden in der vielumstrittenen Substanzfrage auch noch andere Schätzungen, z. T. auch auf anderen Grundlagen fussend, vorgebracht, auf 200 Milliarden Zentner, 4500 und 5000 Jahre Förderdauer usw. — In durchaus sachgemässer Weise fanden hierbei die selteneren Qualitätssalze, Kainit, Sylvinit usw. z. T. eine besondere Berücksichtigung. Bemerkenswert war eine Schätzung der Förderdauer für 25 Jahre, die sich allerdings nur auf Kainit und Sylvinit beziehen sollte, gegen die die anderen Schätzungen, wenn sich diese auch auf die sämtlichen Salze bezogen, sich immerhin wunderlich genug ausnehmen. An anderer Stelle wurde von weniger als 100 Jahren für alle Salze gesprochen. Zieht man heute auch hinsichtlich der hochprozentigen Salze einen Vergleich mit dem damaligen Stande, so ist jetzt ein günstigeres Mengenverhältnis dieser zum Carnallit unverkennbar. Namentlich beruht diese Verschiebung auf den reicheren Hartsalz und Sylvinitaufschlüssen, die z. T. primären Bildungsursprungs, auf den neuerdings erschlossenen Lagerstätten grössten Teils auch nach der Teufe als innere wesentliche Bestandteile der Salzlager, also nicht nur am Ausgehenden der Lager „als Hut“ gemacht worden sind. Wie sich dieses Verhältnis auf die Dauer gestalten wird, lässt sich vorläufig schwer übersehen. Es dürfte auch hierfür die für Kalisalzlager oben allgemein ausgesprochene Annahme in erweitertem Sinne zutreffen, dass Gehalt und Erstreckung der Lagerstätten bis zu einem gewissen Grade in umgekehrtem Verhältnis stehen müssen.

Was nun die andere Seite der Nachhaltigkeitsfrage, das Mass der Erschöpfung der Vorräte durch den Verbrauch anbetrifft, so wurden die sehr verschieden bemessenen Förderdauern z. T. schon im Zusammenhang der Vorbetrachtungen berührt.

Die Gesamtförderung an Kalisalzen ist gestiegen seit

dem Jahre 1893 bis zum Jahre 1902 von 15 386 008 dz auf ca. 32 500 000 dz, hat sich also in diesem 10jährigen Zeitraum verdoppelt. Suchen wir den nächsten weiter zurückliegenden Zeitabschnitt von 1893, in dem eine Verdoppelung stattgefunden hat, auf, so finden wir die halbe Förderung von 1893 ungefähr in dem Durchschnitt der Jahre 1880 und 1881 = 7 868 677 (6 685 967 dz in 1880 bezw. 9 051 379 dz in 1881). Es verfloss also seit Beginn der achtziger Jahre ein reichliches Jahrzehnt (2 Jahre mehr) bis wieder eine Verdopplung erreicht wurde. Suchen wir vom Jahre 1880/81 rückwärts gehend, wiederum das Jahr auf, gegenüber welchem in 1880/81 eine Verdopplung erreicht war, so kommen wir auf das Jahr 1871 mit 3 725 733 dz. In dem Zeitraum seit dem Beginn der siebziger Jahre — die noch weiter zurückliegende Entwicklung ist statistisch aus innern Gründen nicht verwertbar — hat also eine dreimalige, stufenweise in ungefähren Jahrzehnten fortschreitende Verdopplung stattgefunden. Würde diese Bewegung in dem folgenden Jahrzehnt sich fortsetzen, so hätten wir bis zu den ersten Jahren des zweiten Jahrzehnts eine durchschnittliche Förderung von ca. 45 000 000 dz pro Jahr, im ganzen 450 Mill. dz = ca. 1/2 Milliarde. Nimmt man nun die nächste Stufe der Verdopplung, ca. 60 000 000 dz als äusserste Grenze der Steigerungsfähigkeit des Absatzes an, so ergäbe das in 100 Jahren 6 Milliarden. Bei der s. Z. gemachten Annahme von 41 Milliarden dz würden also immerhin nach diesem Exempel die Vorräte für kaum 700 Jahre und nicht für 2000 (5000, 16 000) Jahre ausreichen. Nun sollte über die 41 Milliarden dz zwar schon allein der Fiskus verfügen, in dieser Beziehung darf aber auf die früheren Ausführungen verwiesen werden. Demgegenüber findet sich auch in meiner Aufstellung die endgiltige Beschränkung des Absatzes auf 60 000 000 dz für alle Zeiten. Wenn man ferner, wie es auch in den damaligen Verhandlungen mehrfach geschah, von der Aufnahmefähigkeit des Bodens ausgeht, so kommt man auf ganz andere Zahlen. In den Motiven fand sich z. B. die

Angabe, dass pro Hektar Erntefläche 2¼—26,7 dz verbraucht würden. Danach würde bei dem Durchschnitt von 14½ dz pro Hektar ein jährlicher Verbrauch von 681 Mill. dz (nicht Zentnern, wie irrtümlich in den Verhandlungen angegeben wurde) in Deutschland sich ergeben. Inwieweit der tatsächliche Verbrauch sich derartigen Sätzen nähern wird, und wie sich demgemäss ausserdem der Absatz ins Ausland gestalten wird, lässt sich heute sehr schwer beurteilen. Ein wirkliches Korrektiv für alle Schätzungen, gleichviel auf welcher Grundlage sie gestellt werden, kann nur die Zukunft selbst liefern. Jedenfalls sind die damaligen hohen Schätzungen der Nachhaltigkeit noch ganz besonders vorsichtig hinsichtlich der hochprozentigen Rohsalze zu beurteilen, wenn auch diese nach den neueren Erfahrungen in reichlicherer Menge vorhanden sind.

Wie schnell die edleren Salzstöcke, Kanitvorkommen, Hartsalzpartieen u. s. w. sich stellenweise im Abbau erschöpfen, davon weiss manches, namentlich der neueren Werke, ein Lied zu singen. Die Unsicherheit in dem Anhalten derartiger Salze wird durch die ängstliche Hast, mit der die Aufschlussarbeiten auf die Salze von diesen aus naheliegenden Gründen gern betrieben werden, genügend beleuchtet. Nach allem muss bei der immer noch zuzugebenden Unzuverlässigkeit aller Schätzungen das eine heute als sicher angenommen werden, dass bei der Entscheidung über die Kalivorlage die hierzu Berufenen über die wichtige Frage der Nachhaltigkeit des Kalisalzbergbaues nach dem heutigen Stand der Dinge nicht im richtigen Bilde gewesen sind. Auf die dabei noch besonders zu berücksichtigende Bedeutung der Wassergefahr braucht hier nicht nochmals eingegangen zu werden.

Von weiterem schwerwiegenden Einfluss war nun ferner die Frage der Monopolität der Kalisalze für Deutschland. Bekanntlich ist in diesen Verhältnissen, wie sie von jeher gelegen haben, auch bis heute eine Aenderung nach keiner Richtung eingetreten. Es werden zwar namentlich von amerikanischem Kapital Versuche gemacht, der Weltmonopolstellung der deutschen Kalisalze durch Verwertung anderer kalihaltiger Mineralien die Spitze abzubrechen, und es soll sich allerdings im Staate Wyoming auf Grund eines dortigen Mineralvorkommens die U. St. Potash Co. gebildet haben. Von einem eigentlichen Salzvorkommen, das mit unserem uns von der Natur bereits im gebrauchsfertigen Zustande gespendeten Karnallit, Kainit u. s. w. in ernstlichen Wettbewerb treten könnte, ist jedoch nichts verlautbart. Ein um so deutlicheres Wort sprechen die Versuche des amerikanischen Kapitals, in der deutschen Kalisalzproduktion selbst Fuss zu fassen. Die Frage steht also noch auf dem alten Punkt und bleibt damit auch heute noch zu gunsten des Verstaatlichungsgedankens entschieden oder, wenn man will, — unentschieden. Es mag nicht unerwähnt bleiben, dass das schwer angreifbare Naturmonopol Deutschlands in den damaligen Beratungen gerade von dem einzig vertretenen fachmännischen, also um so einflussreicheren Abgeordneten mit einem Hinweis auf Indien und Persien ernstlich in Zweifel gezogen wurde. Trotz dieses wohlgemeinten Fingerzeiges scheint sich aber zur Aufschliessung dieser Kalisalzschätze noch niemand gefunden zu haben. Es wurde von der nämlichen Seite als wahrscheinlich bezeichnet, dass in sehr vielen anderen Ländern auch Kalisalzlagerstätten seien, die Aufsuchung sei nur dadurch erschwert, dass die schützende Oberfläche (?) vorher zu durchbrechen und so erst die Lagerstätten aufzudecken seien. Damit sollte wohl das Aufschlussverfahren mittelst Tiefbohrungen gemeint sein. Anders verhält es sich hiermit in Deutschland doch wohl auch nicht. Der Kernpunkt der Sache scheint mehr darin zu liegen, dass das Vorkommen von Kalisalzen nach den bisherigen Erfahrungen in der Hauptsache an einen bestimmten geognostischen Horizont, die Zechsteinstufe, gebunden ist, und dass diese Formation dort, wo sie ausserhalb Deutschlands auftritt, entweder, wie in England, zwar die charakteristischen Schichtenglieder des deutschen Zechgesteins, aber kein Steinsalzlager führt, oder wie in Russland sehr tief im Flachlande abgelagert ist, oder endlich, wie in Amerika, einen ganz abweichenden petrografischen Habitus zeigt, indem sie hauptsächlich nur aus Mergeln und Kalksteinen besteht.

Die Wahrscheinlichkeit des Vorkommens von Kalisalzen in anderen Ländern und Erdteilen ist also auch in den letzten zehn Jahren nicht gewachsen, und unangefochten, wie von jeher seit den Tagen, da die ersten bescheidenen Zeichen der neu emporblühenden Industrie aus ihrer sächsischen Heimat aufzuleuchten begannen, beherrscht der deutsche Kalimarkt die Welt. Unangefochten nicht minder, wie durch gleiche oder verwandte Bodenerzeugnisse, auch durch sonstige Surrogate! Die Vorstellung des Aufkommens von solchen ist auch an sich schwierig, denn die Erzeugung aus vegetabilischen Stoffen wäre wirtschaftlich wohl eine Anomalie, während die Möglichkeit der Darstellung aus sonstigen kalihaltigen mineralischen Bodenbestandteilen im Grossen technisch in weitem Felde liegt.

Nach den bisherigen Darlegungen haben also die Gründe für die Kalivorlage von 1894, soweit sie auf geologisch-technischen Unterlagen fussten, durch die seitherige Gestaltung der Verhältnisse im wesentlichen an Gewicht nicht verloren. Entweder sind sie umgekehrt dadurch verschärft worden, oder jedenfalls durch die Tatsachen nicht widerlegt worden.

Der Widerstreit der Meinungen bewegte sich nun weiterhin auch auf rein wirtschaftlichem Gebiet. Wie einleitend berührt wurde, war es zunächst der allgemeine wirtschaftspolitische Geist der Vorlage, der einem Teil der Volksvertretung widerstrebte. Von dieser Seite scheute man die Bresche, welche man mit der Durchbrechung des Verleihungsrechtes in der Kali-Industrie in unsere allgemeine Bergbaufreiheit gelegt sah. Dies kommt am klarsten zum Ausdruck in der Erklärung der mehrfach erwähnten Denkschrift von dem Verein für die bergbaulichen Interessen: „Die Bestimmungen des Gesetzentwurfs berühren den Oberbergamtsbezirk Dortmund nicht. Der

Verein für die bergbaulichen Interessen im Oberbergamtsbezirk Dortmund hält aber die durch den Entwurf beabsichtigte Beschränkung der Bergbaufreiheit von so allgemeiner und grundsätzlicher Bedeutung, dass er es für seine Pflicht erachtet, zur Wahrung der allgemeinen Interessen des vaterländischen Bergbaues seinen Standpunkt zur Vorlage nachstehend darzulegen und zu begründen."

Das Haupthindernis für das Kaligesetz wurde seitens der Gegnerschaft in der davon zu erwartenden „Monopolisierung" bezw. „Privilegierung des Kalisalzbergbaues", von der „Privilegierung einzelner Privatvermögen, beschränkter Privatinteressen" u. ä. erblickt. Hiernach war es also bei genauerer Betrachtung insbesondere das den zufällig Beteiligten zufliessende Monopoleinkommen, welches mit den wirtschaftspolitischen Grundsätzen der Gegner unvereinbar erschien. Nun fragt es sich aber immerhin, wie dieses im vorliegenden Falle genauer beschaffen gewesen sein würde; an sich braucht ein derartiges Einkommen begründete Angriffspunkte noch nicht zu bieten.

Es darf nochmals daran erinnert werden, dass es sich bei dem Kaligesetz in der Hauptsache um die Einräumung eines Gewerbszweiges an eine beschränkte Unternehmergruppe unter Ausschluss Dritter handelte. Durch eine solche Monopolisierung ganz allgemein kann man nun auch eine dem Interesse der Gesamtheit entsprechende Regelung der Wirtschaft und des Verkehrs erzielen wollen, wie es z. B. Eisenbahn-, Verkehrs- und ähnlichen Gesellschaften gegenüber geschieht.*) Auch Apothekerkonzessionen, Banknotenmonopole u. ä. sind ja verwandte wirtschaftliche Erscheinungen. Der Ausschluss des Wettbewerbs be-

*) Die Berechtigung von Staatsmonopolen überhaupt für bestimmte Handelsartikel wird von vielen Seiten grundsätzlich für den Fall anerkannt, dass eine Nation der alleinige Produzent eines Artikels ist. U. a. spricht sich hierfür der liberale französische National-Oekonom P. Leroy, Beaulieu, aus. H. Gibbs, s. Z. Administrator der Bank von England, bezeichnete als beste Lösung der chilenischen Salpeterfrage das Staatsmonopol.

deutet hierbei nicht ohne weiteres einen gesicherten Extragewinn. Auch kann unter den Beteiligten trotz ihrer Beschränkung noch ein genügender Wettbewerb bestehen, um einen solchen Gewinn zu verhüten. Erst ein auf wirkliche „Monopolpreise“ sich gründendes überdurchschnittliches Unternehmereinkommen kann überhaupt wirtschaftspolitischen Bedenken begegnen.

Nun ist für die Bildung von Monopolpreisen in erster Linie der Grad der Vermehrbarkeit der betreffenden Güterklasse entscheidend. Die Kalisalze wird man z. B. heute zu den beliebig vermehrbaren Gütern zu rechnen haben. Bei solchen muss sich aber nach dem Produktionskostengesetz im freien Wettbewerb der Preis auf den Satz der niedrigsten Produktionskosten, d. h. derjenigen Kosten stellen, die den Aufwand für die Herstellung zuzüglich eines Ueberschusses darstellen, der dem Unternehmer neben seiner persönlichen Entlohnung und Kapitalverzinsung noch einen gewissen mindesten Durchschnittsgewinn, den „Unternehmergewinn“ belässt. Die Möglichkeit grösserer überdurchschnittlicher Gewinne wird einem solchermassen glücklich gestellten Gewerbe so lange neue Unternehmer zuführen, bis der damit geschaffene verschärfte Wettbewerb die Verkaufspreise wieder auf das Mass der niedrigsten Produktionskosten zurückgedrückt, also den überdurchschnittlichen Gewinn beseitigt hat.

Dieses Preisbildungsgesetz wird allgemein hinfällig bei natürlichen Seltenheitsgütern, es kann aber auch bei beliebig vermehrbaren Güterarten durch künstliche Beschränkung des Angebots im Wege der Kartellbildung durchbrochen werden. Dann ist die Möglichkeit für die Bildung von Monopolpreisen an sich auch gegeben; denn bei dem alsdann vorliegenden einseitigen Wettbewerb der Käufer wird für die Preishöhe der Grenznutzen massgebend. Es kommt aber immer noch auf die besonderen Umstände an, in wie weit von diesem einseitigen Machtverhältnis seitens der Verkäufer Gebrauch gemacht und der Preis an die Höhe des Grenznutzens herangetrieben wird. Mancherlei Gründe können nämlich eine nach dieser

Richtung hin überspannte Preispolitik unratsam erscheinen lassen. Bekanntlich hat in der Kali-Industrie von jeher ein Kartell bestanden, und dieses hat selbst dem Ausland gegenüber — vom Inland ganz zu schweigen — die Preise unter dem Grenznutzen gehalten, mit anderen Worten, das Ausland hätte die Salze auch teurer beziehen müssen, weil der Grenznutzen dafür noch über jener Preishöhe lag.

Hier kommt es nun darauf an zu untersuchen, ob das Kaligesetz, wie seine Gegner annahmen, in der Tat die Wirkung gehabt hätte, dass der damit festgelegte Unternehmerkreis im Gegensatz zum bisherigen Zustande in den Genuss wirklicher „Monopolpreise“ und dementsprechender überdurchschnittlicher „Monopoleinkommen“ gelangt sein würde. Diese Untersuchung findet naturgemäss gerade in der früheren Entwicklung der Kali-Industrie mannigfache Anhaltspunkte.

Wir haben hier nun drei Fälle zu unterscheiden.

1. Die z. Z. der Vorlage des Gesetzentwurfs vorhandene Kartellorganisation aller Produzenten einschliesslich der beteiligten Staaten würde fortbestanden haben.

2. An Stelle des Kartells würde freier Wettbewerb getreten sein.

3. Es wäre an Stelle des allgemeinen Kartells eine Organisation in Teilgruppen der Produzentenschaft getreten, wie eine solche z. B. für alle oder die Mehrheit der Privatwerke unter Ausschluss der beteiligten Fisci, insbesondere des preussischen, im übrigen aber auch in mannigfachen anderen Konstellationen gedacht werden kann.

Für unsere Frage ergibt sich nun sofort, dass in den Fällen 2. und 3. die besprochene angegriffene Wirkung der gesetzlichen Massregel überhaupt nicht hätte zur Erscheinung kommen können. Denn bei der als vorhanden anzunehmenden beliebigen Vermehrbarkeit der Kalisalze hätte weder die künstliche Beschränkung des Unternehmerkreises, noch die geographische Ausschliesslichkeit der Salze für Deutschland, so charakteristische Merkmale für den Monopolbegriff an sich hierin auch liegen, es haben hindern können, dass die Preisbildung sich nach dem

Produktionskostengesetz vollzogen hätte. Aus dem Grunde nämlich, weil der tatsächlich verbliebene Wettbewerb im Angebot hierfür immer noch genügt haben würde. Hiermit wäre der Bildung überdurchschnittlicher Gewinne der Boden von selbst entzogen gewesen. Dieser an sich normale und gesunde Preisbildungsvorgang würde allerdings gerade in der Kali-Industrie bei deren Eigenart nach anderen Seiten hin unerfreuliche Erscheinungen gezeitigt haben. Die im unbehinderten Ausgleich sich bildenden Konkurrenzpreise würden hier einem eine gewisse Mindeststufe der Leistungsfähigkeit behauptenden Bruchteil der Unternehmungen einen durchschnittlichen Betriebsgewinn belassen, die übrigen aber aus dem Markte verdrängt haben, und die Kali-Industrie würde trotz ihrer glänzenden natürlichen Fundamentierung und staatlichen „Privilegierung" den im Laufe der Zeiten unvermeidlichen Wechselfällen und Stürmen nicht minder, wie jenes andere Gewerbe, ausgesetzt gewesen sein. Der Erfahrungssatz, dass ein in verhältnismässig wenig Händen befindliches Monopol zeitweise stillschweigend ohne Organisation von den Beteiligten nutzbar gemacht werden kann, würde gerade hier eine Bestätigung sicherlich nicht gefunden haben. Man braucht kein sonderlich gründlicher Kenner dieser Industrie zu sein, um sich eine erspriessliche Entwicklung auf diesem Wege nicht zu versprechen. Dafür waren der Teilnehmer bereits zu viele, und die unter ihnen vertretenen wirtschaftspolitischen Richtungen zu weit auseinandergehend. Am wenigsten glücklich würde hier der sonst normale freie Wettbewerb im Sinne einer nationalen Wirtschaftspolitik gewirkt haben. Die bisherige Preispolitik mit der Bevorzugung des Inlands wäre schwer aufrecht zu erhalten gewesen; damit hätte sich ein unwirtschaftlicher, unsere Lagerstätten schliesslich doch fühlbar angreifender Massenverschleiss der Salze verbunden. Wie weit die in Wirtschaftsfragen mehr und mehr erstarkende Macht der öffentlichen Meinung eine solche Entwicklung hätte gelangen lassen, und mit welchen Mitteln etwa obrigkeitlicherseits in diese einzugreifen gewesen sein würde, kommt hier zunächst nicht in Betracht. Jedenfalls wäre der seitens der Regierung mit dem Gesetz beabsichtigte Zweck, einen unheilvollen Wettbewerb überhaupt anzuwenden, durch dieses an sich schon damals nicht mehr zu erreichen gewesen. Für uns kam es allerdings zunächst nur auf den Nachweis an, dass die Beseitigung der Bergbaufreiheit auf Kalisalze im Falle des allgemeinen Wettbewerbs die behauptete Vorzugsstellung für die „Monopolisierten" tatsächlich nicht im Gefolge gehabt haben würde.

Auch der Fall einer teilweisen Gruppenorganisation würde den wirtschaftlichen Grundcharakter des freien Wettbewerbs bewahrt haben müssen. Es ist zwar nicht ausgeschlossen, dass bei dem geographisch weitverbreiteten und zersplitterten Abnehmerkreise eine besonders geschickt vorgehende Gruppe zeitweise eine im Sinne des Produktionskostengesetzes aussergewöhnliche Preishöhe behauptet haben würde. Auf die Dauer bleibt die Eroberung und Sicherung eines Absatzgebietes aber doch eine Preisfrage, und für die Höhe des Geschäftsgewinnes bleibt wiederum die Absatzmenge massgebend. Die Grenze der Unterbietungen zwischen den einzelnen Unternehmerverbänden würde also hier nicht anders, wie beim völlig offenen Wettbewerb, schliesslich wieder bei den niedrigsten Produktionskosten, vorübergehend vielleicht darunter, gelegen und eigentliche Monopolpreise ausgeschlossen haben. Es weist gerade die jüngste Geschichte der Kali-Industrie mutatis mutandis derartige Vorgänge auf, und auch bei künftigen Absplitterungen einzelner Teile aus dem ganzen Körper der Industrie werden die Preise stets in eine weichende Richtung gedrängt werden müssen. Ein Gegengewicht würde hier auch von den beteiligten Staaten schwer gehalten werden können; von diesen würden nur immer Strömungen im umgekehrten Sinne ausgehen können.

Es verbleibt nur zu untersuchen, ob eine das Monopol unbehindert ausbeutende Preispolitik im 3. der vorbezeichneten Fälle, nämlich bei Fortbestehen des Kalikartells in seiner früheren Gestalt, möglich gewesen wäre.

Hierfür wären zwei an sich wichtige Vorbedingungen vorhanden gewesen: Ein ringartig geschlossener, fest organisierter Unternehmerkreis in Verbindung mit dem deutschen Naturmonopol für die Kalisalze. — Da die Frage in der Hauptsache darauf hinaus läuft, bis zu welcher Höhe sich die unter diesen Umständen zu erzielenden Einkommen hätten erheben können, so liegt es nicht fern, zunächst kurz auf die Rentabilitätsverhältnisse der Kaliunternehmungen hinzuweisen, wie sie sich vor Einbringung der Kalivorlage, also unter analogen Verhältnissen gestaltet hatten, wie wir sie für unsern Fall zu betrachten haben.

Hierzu findet sich nun zu bemerken, dass nur bei einem und zwar nicht den grössten Teil der Werke die Erträgnisse recht befriedigend bis glänzend gewesen sind. Bei einem anderen Teil sind sie auf ganz bescheidener Höhe geblieben, während eine dritte Klasse mit mittlerem, im Verhältnis zu anderen industriellen Unternehmungen als normal zu bezeichnenden Erfolg gearbeitet haben.

Die stete Möglichkeit von längeren Erschütterungen des Geschäfts durch Betriebsstörungen wie durch Wassergefahr, ist auch hier wieder besonders zu berücksichtigen.

Ueber die Erträgnisse der älteren Kaliwerke bringt auch die mehrfach erwähnte Denkschrift des Vereins für die bergbaulichen Interessen in Dortmund ihrerseits Material vor, welches hier im Auszuge Aufnahme finden soll. Nach einer Zusammenstellung der Selbstkosten und Verkaufspreise der Kaliwerke Aschersleben i. J. 1888 u. 89 stellten sich

Selbstkosten per einfach Zentner KCl

| | | | |
|---|---|---|---|
| | 3,17 | M. max. | |
| | 1,98 | „ min. | |
| Verkaufspreis | 7,— | „ | |

Dasselbe für Kainit 1888

| | | | |
|---|---|---|---|
| | 32,5 | Pfennig | max. |
| | 14,6 | „ | min. |
| Verkaufspreis | 75 | „ | für Inland, |
| „ | 95 | „ | „ Ausland. |

Selbstkosten für Kainit i. J. 1889
15,3 Pfennig max.
11,4 „ min.
Verkaufspreis 75 „ für Inland,
„ 95 „ „ Ausland.

Ferner werden auch die Ueberschüsse des preussischen Fiskus für die Jahre 1889/90—1892/93 aufgeführt und dahin angegeben, dass in den genannten 4 Etatsjahren von der Bruttoeinnahme ein Verdienst von 16 %, 27 %, 28 % und 37 % erzielt worden sei.

Im Anschluss an diese Ziffern wird ausgesprochen, dass die „Einnahmen der Privatwerke entsprechend" seien.

Dazu ist zu bemerken, dass diese an sich günstigen Ergebnisse über die wirklich regelmässig ausgekehrten Gewinne noch nichts Zuverlässiges beweisen. In der Tat finden leicht daran zu knüpfende übertriebene Vorstellungen in einem grossen Teil der tatsächlichen Ausbeuten und Dividenden auch keine Bestätigung. Gerade im Kalisalzbergbau ist die Spannung zwischen Roh- und zur Auszahlung verbleibenden Reinüberschüssen besonders hoch. Die Generalunkosten erheben sich u. a. durch die Syndikatsspesen stark über die sonst normale Höhe. Ein Umstand, der die Ertragsfähigkeit der Werke im Durchschnitt längerer, hier zu berücksichtigender Bestandsdauern besonders nachteilig beeinflusst, ist die Wassergefahr, das hiermit sich ergebende Bedürfnis von Reserveanlagen und die daher unter Umständen ausserordentlich schnelle Amortisation. Wie sehr damit gerechnet werden muss, wird am Besten dadurch bewiesen, dass von den in der genannten Denkschrift aufgeführten, i. J. 1894 in Förderung befindlichen 8 Werken, — vgl. 1. Teil — nicht weniger, als die Hälfte vollständige Schachtanlagen preisgeben mussten. Ein fünftes Werk ist von einem Wassereinbruch heimgesucht, der seinen Marktwert um ca. $1/3$ herabsetzte. Ein sechstes musste wegen einer immerhin noch verhältnismässig gutartig abgelaufenen Katastrophe die Ausbeuteverteilung ca. 2 Jahre gänzlich aussetzen. Ganz unbehelligt von der Wassergefahr sind nur zwei Werke geblieben. Der Versuch, derartige kostspielige Kalamitäten kaufmännisch durch eine gesteigerte Verwertung der Erzeugnisse auszugleichen und sie in der Geschäftskalkulation mit zu eskomptieren, begegnet gerade in der Kali-Industrie, wie ihre Geschichte gelehrt hat, besonderen Schwierigkeiten. Namentlich in dem hier betrachteten Fall des Kartells, wo Absatzmengen und Preise gegebene Grössen sind, die einer Beeinflussung des Einzelunternehmers nach jeweiligen Bedürfnissen entzogen sind. Ueberhaupt würden für Preisanspannungen auch von vorübergehender Dauer, zumal für die heimischen Verbraucher, die mitsyndizierten Staaten, insbesondere Preussen, wie auch Anhalt und das mit Kalisalzen anscheinend reich gesegnete Braunschweig u. a. grundsätzlich nicht zu gewinnen sein. Aber auch die Auslandspreise haben ihre Grenze. Zu Ueberspannungen und Schwankungen auch in der auswärtigen Preispolitik würden Erschütterungen des Geschäfts ein unausbleibliches Korrelat bilden. Gerade durch die bemerkenswert stetige Entwicklung des Auslandsgeschäfts ist die Zweckmässigkeit und Notwendigkeit einer gleichmässigen Preisstellung am besten bewiesen. Für gewagte Preismanöver auch dem Ausland gegenüber würden auch wieder die Staaten mit ihren auf gleichmässige Einnahmen angewiesenen Haushalten nicht zu haben sein. Hierin tritt also neben dem oben berührten volkswirtschaftlichen ein staatswirtschaftliches, etwaigen monopolitischen Auswüchsen entgegenwirkendes Moment hervor. Der in der einen wie der anderen Richtung so segensreiche Einfluss des in der Kali-Industrie damals — i. J. 1894 — noch mehr wie heute im Vordergrund stehenden fiskalischen Elements ist bei der Beurteilung der Kalivorlage überhaupt nicht genügend gewürdigt worden. Es wurde zu sehr übersehen, dass die Industrie ursprünglich ganz ausschliesslich in den Händen der Staaten Preussen und Anhalt gelegen und, dass sich auf diese später das Kartell aufgebaut hatte; dass diese Staaten somit die natürlichen Träger der einzuschlagenden Syndikatspolitik geworden waren, wie sie es auch nachmals geblieben sind.

Sie hatten mit Erfolg eine scheinbar in sich widerspruchsvolle Aufgabe gelöst, in ihrer Doppelstellung einerseits das öffentliche Interesse zu wahren und dabei eine Industrie, die den Keim zu seltener Blüte im Schosse trug, in privatwirtschaftlich erspriessliche Bahnen zu lenken. Unter dem Druck solcher Tatsache schwindet die Bedeutung des in den Verhandlungen vorgebrachten Satzes, dass „ein Syndikat, das ein Monopol habe, eine eminente Gefahr sei", im vorliegenden Falle doch ganz erheblich zusammen. Der ferner vorgebrachte Satz, dass ein solches Syndikat eine „jede natürliche Preisbildung" ausschliesse, mag — auch hier nicht ohne gewisse, bereits berührte Einschränkungen! — richtig sein. Dass damit aber „ein Monopol von einer Gefährlichkeit geschaffen werde, wie es bisher kein zweites gibt", möchte denn doch nach den heute vorliegenden Erfahrungen zurückzuweisen sein. Der Vergleich mit dem Rheinisch-Westfälischen Kohlensyndikat scheitert eben an der Tatsache der Zugehörigkeit der Staaten zum Kalisyndikat. Die Angabe: „Man möge Kautelen und Anträge stellen, welche man wolle, das Syndikat werde die Preise diktieren und nicht zum Besten der Landwirtschaft, das könne man nicht verlangen, (sondern) nur um Geld zu verdienen", ist am besten durch die Geschichte der Kaliindustrie selbst widerlegt. Regierungsseitig war man aber auch, wie in den Beratungen erklärt wurde, willens, für die Fortsetzung der bisherigen massvollen Preispolitik und die Einleitung einer der deutschen Landwirtschaft noch mehr entgegenkommenden Preisstellung weitgehende Bürgschaften zu geben. Einmal durch Parlaments-Kontrolle, indem dem Abgeordnetenhause jährlich eingehende Mitteilungen über Selbstkosten, Verkaufsbedingungen, Preise der Staatsbetriebe, die ja im Falle des Kartells mit denjenigen der Privatbetriebe hätten ident sein müssen, zugehen sollten. Sodann sollte der Staatsregierung bei der Preisstellung eine direkte Mitwirkung zugestanden werden, etwa in der Form, dass vom Ressortminister, oder sogar vom gesamten Staatsministerium die Preise unter Berücksichtigung der Bedürfnisse der heimischen Landwirtschaft und Industrie festgestellt werden sollten. Wenn man berücksichtigt, dass in dem hier erörterten Kartellfall die Privatwerke sich der damit vorgezeichneten Preistendenz hätten fügen müssen, so erscheint schon hiermit auch für diesen Fall die Unterstellung einer „Monopolisierung der Kali-Industriellen“ mit der Wirkung einer die volks- und privatwirtschaftlich gesunden Grenzen überwuchernden Ausnutzung des „Monopols“ schwer aufrecht zu erhalten, und es wird ein weiteres Eingehen auf die sich in entgegengesetzter Richtung bewegenden Erörterungen in den Landtagsberatungen entbehrlich erscheinen.

Eine andere Gestalt gewinnt die ganze Frage, wenn man sie dahin formuliert, ob durch das Kaligesetz den Beteiligten ein zwar nicht überdurchschnittlich hohes, aber doch für absehbare Zeit gesichertes Unternehmereinkommen verschafft worden sein würde. Dies würde freilich, wenn auch immer noch durch gewisse, namentlich technische Voraussetzungen bedingt, der Fall gewesen sein, und ein derartiges mehr einer Rente gleichkommendes Einkommen würde allerdings gerade in den mitbeteiligten Staaten eine wirksame Stütze gefunden haben. Wäre man von einer derartig gemässigteren, dem tatsächlichen Sachverhältnis jedenfalls näherkommenden Auffassung des „Monopols“ ausgegangen. so wäre damit jedenfalls eine bedeutsame Klippe für das Gesetz gefallen. Fraglos liegt auch in der Sicherung einer Rente eine „Bevorzugung“. Mochte das Gesetz insofern dem Erfordernis grundsätzlicher Billigkeit für die Gesamtheit der Nation nicht entsprechen, so konnte deshalb nach dem sonstigen rechtlichen Aufbau unseres Wirtschaftsgebäudes hierin ein entscheidendes Hindernis noch nicht erblickt werden. Unsere politische Oekonomie lässt Renten — auch Monopol-Einkommen — nicht nur durch besondere körperliche oder geistige Fähigkeiten, durch Lage und Fruchtbarkeit des Bodens durch technische Eigenart des Kapitals u. a., sondern unter gewissen Voraussetzungen auch durch einen rechtlichen Schutz der Ausschliesslichkeit der Stellung entstehen, in der sich die Verkäufer einer betreffenden Ware befinden. Ueberwiegende allgemeine Zweckmässigkeitsgründe, das sog. öffentliche Interesse können hierbei mitwirken. Gerade unter dem Schutze des letzteren werden zeitweilig formale Rechtsgrundlagen geschaffen, auf denen mit Naturnotwendigkeit aussergewöhnliche Einkommensbildungen vor sich gehen müssen. Wie stark wird z. B. durch blosse Verwaltungsakte stellenweise die städtische Grundrente in die Höhe getrieben! Dass vereinzelt versucht wird, diesem Vorgang durch vorgreifende Geländeerwerbung vorzubeugen, ändert an der allgemeinen Tatsache wenig. So brauchte auch den überwiegenden volks- und staatswirtschaftlichen Interessen gegenüber die mit dem Kaligesetz verbundene besondere Einkommensbildung ein grundsätzliches Hindernis für dieses nicht zu bieten. In der Tat fanden sich auch in der Gegnerschaft Stimmen, die diese prinzipielle Seite vernachlässigten und ihre Gegengründe allein auf die anderen praktischen Bedenken stützten. Offenbar wäre überhaupt die grundsätzliche Seite weniger in den Vordergrund gestellt, hätte man nicht die „Privilegierung und Monopolisierung“ in ihren Wirkungen ganz erheblich überschätzt. U. a. äussert sich dies auch darin — vgl. Denkschrift —, dass man sich den Wertzuwachs des Kapitalwerts der Kaliwerke infolge des Gesetzes sehr weitgehend dachte und nach vielen Millionen bezifferte, womit ein überhaupt etwa noch in Betracht kommender Ankauf durch den Staat geradezu unmöglich werden würde. In der Tat hat sich aber die Lage jener älteren Werke, um die es sich damals handelte, seither im allgemeinen nicht glänzender gestaltet, obwohl die geschäftliche Entwicklung kaum eine wesentlich andere gewesen ist, als wie das Kaligesetz sie herbeigeführt haben würde. Auch nach diesem wäre die Anzahl der selbständigen Unternehmungen kaum eine erheblich geringere geblieben, als sie heute tatsächlich ist. Es sind die damals bereits in Anlage befindlichen Werke — nach der Denkschrift 7 — ferner die auf Grund der bereits erteilten Verleihungen, — Art. 4 des Gesetzes — nachträglich zu erwartenden Neuanlagen, schliesslich die ev. Hannoverschen Unternehmungen hierbei zu berücksichtigen. Zweifellos hätte die entstehende Gesamtzahl hingereicht, dass die natürliche Absatzzunahme dadurch ohne erhebliche Gewinnsteigerungen aufgesaugt wäre. Schon damit wird auch die Annahme entkräftet, dass die Einnahmen durch weitere Inangriffnahme von sog. Syndikatsfeldern — im Besitz der Schutzbohrgemeinschaft — nach freier Wahl hätte gesteigert werden können. Auch für manche Einzelwerke würde die Ausdehnung der Produktion im eigenen Felde, auf lange Sichten betrachtet, gewisse Grenzen gefunden haben, und das Uebergewicht der Staaten würde im Fortschritt der Zeiten dementsprechend stärker, wie es auch wohl im Sinne der Vorlage lag, zur Erscheinung gekommen sein.

Zweifellos liegen in allen diesen Verhältnissen unsichere Faktoren für die Zukunft verborgen. Das lässt sich aber nach den heutigen Erfahrungen annehmen, dass der Kreis der Unternehmungen, wie er auf der bei der Kalivorlage vorhandenen Besitzgrundlage zu erwarten war, die Bestandsfähigkeit der Einzelwerke, von inneren Schwierigkeiten abgesehen, im allgemeinen gewährleistet haben würde, während andererseits allerdings monopolistische Auswüchse in den Erträgnissen mit und ohne Syndikat ausgeschlossen gewesen wären. Nach allem würde also jene dahingehende Stellungnahme zum Gesetz, dass es überhaupt „unzulässig" sei, mit „der Klinke der Gesetzgebung den betreffenden Privatinteressen durch ein Monopol zu Hilfe zu kommen, dass diese Privilegierung von Privatinteressen der Hauptgrund sei, aus dem heraus dem Gesetz die äusserste Opposition zu machen sei", in der wirklich zu erwartenden Gestaltung der Verhältnisse eine Berechtigung wohl nicht gefunden haben.

Weitere mehr praktische Bedenken gegen die Vorlage treten nun nach der Richtung hervor, dass durch sie die Versorgung der deutschen Landwirtschaft weniger gesichert erscheine wie im anderen Falle.

Zunächst wurde hinsichtlich der Qualität der Düngesalze der Besorgnis Ausdruck gegeben, dass bei dem durch das Gesetz geschaffenen Abhängigkeitsverhältnis der Abnehmer zu den Produzenten der sonst durch die Konkurrenz begründete wirksamste Ansporn für die Lieferung guter Waren in Wegfall komme. Die in der Begründung des Gesetzes regierungsseitig geäusserte Befürchtung, dass beim allgemeinen Wettbewerb eher mit der Möglichkeit zu rechnen sei, dass die Landwirtschaft mit minderwertigen, oder gar schädlichen Salzen versorgt werde, wurde als ein schwerer Vorwurf gegen die Privatindustrie im allgemeinen entschieden zurückgewiesen. Zum Vergleich wurde auch hier der Steinkohlenbergbau herangezogen, der gerade aus den durch den starken Wettbewerb verursachten Absatzschwierigkeiten den mächtigsten Antrieb zu der kostspieligen Anlage von Separationen und Wäschen zwecks Erzeugung eines möglichst reinen Produktes erhalten habe. Auch in dieser Frage muss auf die von ministerieller Seite in den Beratungen so oft betonten wesentlichen Unterschiede zwischen Salzen und Kohle verwiesen werden. Der Heizeffekt der letzteren ist seitens jeden Verbrauchers leicht zu kontrollieren, er spürt ihn ohne weiteres in den ökonomischen Ergebnissen. Für die Güte und Reinheit der Salze ist aber ein so unmittelbarer Massstab durch den Nutzerfolg schon deshalb nicht gegeben, weil das Ernteerträgnis noch durch zu viel andere Faktoren, wie Witterung, Bodenbeschaffenheit, Anwendungsmethoden der Salze, Mitwirkung anderer Dungarten usw. beeinflusst wird. Trotz der entschiedenen Gegenverwahrung kann es doch nicht ausser Zweifel gestellt werden, dass bei den Kalisalzen die Gefahr unreiner Lieferung gerade bei dem allgemeinen Wettbewerb mangels einer einheitlich organisierten Kontrolle besteht.

Die Herstellung grosser Mengen von ganz gleich mässiger Reinheit erheischt ein ganz besonderes Mass von Sorgfalt. Es können dabei Schwierigkeiten unterlaufen, die mit einer unlauteren Absicht des Unternehmers, Waren unter Preiswert zu liefern, nichts gemein haben.

In der Analyse selbst, der erforderlichen grossen Anzahl derselben, in der Komplikation der Mischungen, in den Versehen und der Unachtsamkeit des Unterpersonals usw. sind mannigfache Fehlerquellen verborgen. Dass diese im freien Wettbewerb, wenn der Verdienst mehr in der Masse als in den Preisen gesucht wird, entsprechend wachsen, ist einleuchtend. Schon deshalb auch, weil es nahe liegt, im Notfall ein bergmännisch weniger ausgewähltes Produkt zu fördern. Zwischen staatlichem und privatem Bergbau bestehen dabei an sich keine angreifbaren Unterscheidungsmerkmale. Der Schwerpunkt liegt darin, dass ein beschränkter Unternehmerkreis, zumal mit kartellistischer Organisation sich hinsichtlich reiner Lieferung gegenüber dem allgemeinen Wettbewerb in einer an sich vorteilhafteren Lage befindet. Für den Fall der Organisation ergibt sich eine strenge Fürsorge für untadelhafte Lieferung schon durch die gegenseitige Ueberwachung. Das Kalisyndikat liefert ja selbst hierfür ein vorzügliches Beispiel. Dass auch bei einem derartigen Verband bei der angewachsenen Zahl der Werke die Schwierigkeiten der Kontrolle keine geringen sind, und die Ausführung der Aufträge zu öffentlichen Klagen Anlass geben konnten, beweist die bei der diesjährigen Beratung des Berg-, Hütten- und Salinenetats zur Besprechung gelangten Beschwerde.

Des weiteren wurde von dem Gesetz eine nachteilige Wirkung für die inländischen Verbraucher, in erster Linie die Landwirtschaft auch hinsichtlich der Preisstellung erblickt. Gerade diese Frage, ob der letzteren durch die Neuregelung eine bessere Berücksichtigung zu Teil werden könne, nahm auch in den Beratungen des Abgeordnetenhauses einen breiten Raum ein und leitete zu allgemeinen Erörterungen über Vor- und Nachteile von Staats- und Privatbergbau über. Die Kali-Industrie wurde auch hier wieder mit staatlichen Betrieben von Kohlenzechen, Domänen, Eisenbahnen usw. in Vergleich gestellt, und der Schluss daran geknüpft, dass eine bis zu den Grenzen der Möglichkeit getriebene Billigkeit der Kaliprodukte an der den werbenden Staatsbetrieben nun einmal innewohnenden Fiskalität scheitern müsse. Es wurde darauf Bezug genommen, dass der Fiskus auch im Rahmen und an der Spitze des Syndikatsverbandes eine in dem wünschenswerten und erreichbaren Masse dem inländischen Verbrauche entgegenkommende Preispolitik nicht durchgesetzt habe und auch in Zukunft nicht dazu in der Lage sein werde. Es ist nun an früherer Stelle bereits darauf hingewiesen, wie gerade die straffe, einheitliche Preishaltung im Auslands- und Fabrikatengeschäft die Werke in Stand setzte, der inländischen Landwirtschaft die Salze entsprechend wohlfeiler darzubieten. Wie weiter gezeigt wurde, war dies aber nur innerhalb eines bestimmt umgrenzten, geschlossenen Unternehmerkreises möglich, und zwar innerhalb eines solchen auch nur unter dem vorherrschenden Einfluss des Staates. Insofern bestand hier also jedenfalls eine Ausnahme von den sonst den Staatsbetrieben mit mehr oder weniger Recht unterstellten, fiskalischen Tendenzen. Auch dies hat in dem seit der Kalivorlage verflossenen Zeitraum lediglich eine Bestätigung gefunden. Die Zahl der fördernden Werke hat sich seitdem verdrei- bis -vierfacht. Wenn diese unter dem Schirm der alten bewährten Grundsätze des Syndikats vereinigt geblieben sind, so ist dies bei aller Anerkennung des Entgegenkommens der Einzelwerke doch in letzter Linie dem Einfluss des Staates dank seiner öffentlich massgebenden und privatwirtschaftlich mächtigen Stellung in der Kaliindustrie zuzuschreiben, und auf ihn ist es zurückzuführen, wenn die alte, volkswirtschaftlich erprobte Preispolitik dem gewachsenen Verdienstbedürfnis der veränderten Gesamtheit der Unternehmungen nicht zum Opfer gefallen ist.

Last not least bestand nun noch die Schwierigkeit der rechtlichen Sonderstellung Hannovers. Dieser Provinz gegenüber befand man sich mit der Vorlage wie zwischen Scylla und Charybdis: Entweder wurde eine Besitzenteignung unumgänglich, die rechtlich schwer zu rechtfertigen war und von der Kommission denn auch verworfen wurde, oder im anderen Falle erschien angesichts der in

Hannover drohenden, vom Gesetz unabhängig gestellten Konkurrenz der Erlass desselben überhaupt nicht mehr der Mühe wert. Ministeriellerseits wurde zwar die Erklärung abgegeben, dass das Gesetz auch nach dem Ausschlusse Hannovers seinen Wert für Preussen nicht verliere; gleichwohl ist diese Provinz doch eine, wenn nicht die Hauptklippe geblieben, an der das Gesetz gescheitert ist. Ohne zwingenden Grund! Die Tatsachen haben später auch in diesem Punkte der regierungsseitigen Auffassung recht gegeben. Gerade in Hannover hat die Kalispekulation die meisten Misserfolge zu verzeichnen gehabt, und technische Schwierigkeiten haben noch dazu beigetragen, die dortige Ausbreitung des Salzbergbaues einzudämmen. Im Laufe der Zeit würde sich dieser unschwer mit in den Rahmen des auf der Besitzgrundlage von 1894, wie anzunehmen, eng verschmolzenen Staats- und Privatbergbaues eingefügt oder andernfalls diesem den Atem gewiss nicht benommen haben. Uebrigens wären vielleicht noch andere Wege gangbar gewesen, der Provinz Hannover die auf Grund ihrer Ausnahmestellung mit so viel Nachdruck beanspruchte Selbständigkeit zu belassen. Man hätte z. B. ihr die eigene Versorgung mit Kalisalzen durch einen selbständigen, von der Verstaatlichung ausgenommenen Bergbau übertragen können. Aehnlichen Vorgängen begegnen wir auch anderweitig bereits in der Kali-Industrie, und es werden derartige Mittel zur Beilegung der wachsenden Absatzstreitigkeiten in der Zukunft vielleicht noch eine grössere Bedeutung gewinnen.

Die bisherigen Untersuchungen haben neben ihrem eigentlichen Zweck, den Nachweis zu führen, dass das Schicksal der Kalivorlage bei genauerer Kenntnis der nachmaligen Entwicklung der Industrie ein anderes gewesen sein würde, noch das weitere Ziel verfolgt, die Aufmerksamkeit auch auf ihre gegenwärtige und zukünftige Lage hinzulenken, wie sich diese nunmehr auf Grund der tatsächlichen, ohne den Einfluss der geplanten Verstaatlichung eingetretenen Verhältnisse voraussichtlich weiter gestalten wird. Hierfür ist in zweifacher Richtung bemerkenswertes Material zu Tage gefördert worden:

a) betreffs der tatsächlichen Zustände in der Industrie in technischer und wirtschaftlicher Beziehung;

b) betreffs der hauptsächlichen in das eigenartige Getriebe der Kali-Industrie einspielenden wirtschaftspolitischen Probleme.

Das Gesamtbild, nochmals kurz aufgerollt und zusammenfassend ergänzt, zeigt etwa folgende Hauptzüge:

1. Die Zahl der selbständigen Betriebsstätten hat sich in dem zehnjährigen Zeitraum seit Vorlage des Kaligesetzes um das drei- bis vierfache vermehrt. Der Unterschied in der Leistungsfähigkeit zwischen den Unternehmungen scheint gegen früher gewachsen. Die Frage der Leistungsfähigkeit der Einzelwerke auf lange Sichten ist heute schwer zu beurteilen.

   Bei einem, dem geringsten Teil, erscheint sie für eine grössere Reihe von Jahrhunderten gesichert. Diesem Teil steht ein anderer gegenüber, dessen Förderdauer selbst für einen Zeitraum eines halben Jahrhunderts zweifelhaft erscheint. Eine Mittellinie ist schwer zu finden. Langsichtige Vorratsschätzungen können, von Ausnahmen abgesehen, nur auf das Vorkommen von Karnallit gegründet werden. Mit langem Aushalten sekundärer, hochprozentiger Salze kann ihrer Natur nach nicht bestimmt gerechnet werden. Ueber primäre Hartsalze u. s. w. verfügt nur ein Teil der Werke, und das Aushalten derselben erscheint heute noch zu wenig geklärt und sicher.

2. Die Entwicklung der Industrie hinsichtlich der weiteren Zunahme der Unternehmungen ist noch im Fluss, ein Abschluss ist noch nicht abzusehen. Z. Z. erscheint die zu erwartende Zunahme —, zum Teil allerdings infolge technischer Schwierigkeiten, — eher im Abschwellen begriffen, und man wird beschleunigterer Zunahme-Perioden gewärtig bleiben

müssen. Eine, wie vielfach erwartet, ganz unbeschränkte, völlig ins Belieben des Privatkapitals gestellte Inangriffnahme neuer Produktionsstätten scheint aber an der tatsächlichen, wenn auch noch nicht ganz bekannten Ergiebigkeit des deutschen Bodens an Kalisalzen zu scheitern. Dadurch, dass stellenweise immer noch, wie es auch neuerdings wieder der Fall gewesen ist, wertvolle Funde gemacht werden, wird dieser Gesamtausblick nicht entscheidend berührt.

3. Die Möglichkeit des Zutritts von Süsswassern zu den Salzlagern muss als eine ernste Gefahr angesehen werden. In wie weit derselben durch die eingeführten Schutzmassregeln begegnet werden wird, ist noch nicht mit Sicherheit zu beurteilen. Im Laufe der Zeit scheint mit einem gewissen Abgang von Werken infolge der Wassergefahr gerechnet werden zu müssen.

4. Die Besorgnis einer Durchbrechung der natürlichen Monopolitäts- und dadurch begründeten Weltmarktsstellung der deutschen Industrie durch ausländische Mineralfunde oder sonstige Gebrauchssurrogate erscheint nach wie vor gegenstandslos.

5. Der geschäftliche Stand der Industrie ist heute trotz der starken Zunahme der Unternehmungen, der eine nicht voll entsprechende Absatzsteigerung gegenübersteht, im grossen Durchschnitt befriedigend. Bei einer Anzahl von Werken ist zufolge der der Industrie im allgemeinen und den Einzelwerken im besonderen innewohnenden Schwierigkeiten eine gesunde Finanzierung auf genügend gesicherter Grundlage nicht leicht durchzuführen. Es wird aber die Bestandsfähigkeit aller Unternehmungen nahezu ausnahmslos ermöglicht durch das Bestehen des Kalikartells in seiner gegenwärtigen Gestalt.

6. Das Kartell wird bedingt und gehalten durch die Zugehörigkeit der an der Kaliindustrie beteiligten Staaten, die als Hauptträger der ursprünglich von ihnen allein

inaugurierten und weiterhin streng zentralisierten Geschäftspolitik den stetigen Entwicklungsgang der Industrie am besten sichern und damit auch für den Bestand aller Einzelwerke die zuverlässigste Bürgschaft bieten. Ebenso wie aber das Kartell mit dem fiskalischen Prinzip, welches einerseits als Stütze der Industrie als solcher, andrerseits in der Verfolgung volks- und staatswirtschaftlicher Gesichtspunkte wirksam ist, steht und fällt, so steht und fällt auch das Gedeihen der Industrie mit dem Kartell; denn weder Naturmonopol noch Gruppen- oder Trustbildungen können es hindern, dass auch in der Kaliindustrie die wirtschaftlichen Grundlehren von Grenznutzen und den billigsten Produktionskosten usw. sich schliesslich praktisch durchsetzen. Einer solchen nur auf natürliche Machtfaktoren sich stützenden Entwicklung kann aber ein Teil der weniger leistungsfähigen Werke auf die Dauer nicht Stand halten.

7. Nachteilige Erscheinungen, die, ohne zwingende Wirtschaftsgesetze zu sein, sich im Gefolge von Monopolen oder monopolistisch abgegrenzten Kartellen leicht einstellen, wie Preisüberspannungen, Unterwertlieferungen und sonstige Auswüchse, werden im Kali-Kartell wiederum durch das im Selbstinteresse in anderer Richtung wirksame fiskalische Prinzip hintangehalten.

In den obigen Sätzen sehen wir also in der Kaliindustrie bei genauer Betrachtung zwar natürlich begründete, aber in verschiedenen Richtungen doch eigenartige Verhältnisse hervortreten. Besondere Verhältnisse aber heischen besondere Formen. Gerade für die hier vorliegenden finden sich aber in der Wirtschaftsgeschichte der Völker wenig Analogien, an denen ihr Wesen durch Vergleich näher verdeutlicht und die einschlägigen Probleme noch mehr geklärt werden könnten. Eine Reihe von Berührungspunkten bietet die chilenische Salpeterindustrie, und ein kurzer vergleichender Blick auf ihre Entwicklung und gegenwärtige Lage lohnt sich immerhin, wenn daraus auch fruchtbare Fingerzeige für einen zweckmässigen Kurs in unsrer Kaliindustrie eigentlich mehr durch Beweis ex contrario geschöpft werden können; denn vorweg bemerkt bietet — vom Standpunkt ihres Heimatlandes — die Salpeterindustrie wenig erfreuliche Seiten und hält in dieser Beziehung mit unsrer Kaliindustrie keineswegs einen Vergleich aus. Die berührte Aehnlichkeit in den Verhältnissen der beiden Industrien tritt hauptsächlich in folgenden Punkten hervor:

1. Chile besitzt in dem Salpeter, wie Deutschland in den Kalisalzen, ein unbestrittenes Weltmonopol.
2. Der Chile-Natron-Salpeter ist, wie unser Kalisalz, ein mineralisches Vorkommen, welches, wie dieses, bergmännisch gewonnen wird.*) Die Ausbeutung, an technischen Schwierigkeiten dem Kalisalzbergbau nicht vergleichbar, wird dafür in anderer Beziehung erschwert durch klimatische Verhältnisse, lange und beschwerliche Transportwege, schwierigen Arbeiterersatz u. a.
3. Wie bei den Kalisalzen, so findet beim Salpeter eine Aufbereitung, und zwar hier durchgehends, statt durch Auslaugen und Krystallisation in sogen. Offizinen, die gewöhnlich mit den Minen örtlich verbunden sind.
4. Die Verwendung des Salpeters findet, wie bei den Kalisalzen, zu landwirtschaftlichen und industriellen Zwecken statt, und zwar auch hier überwiegend zu Düngezwecken.**)

*) Der Rohsalpeter — caliche — lagert unter einer Schicht von Konglomeraten — Bindemittel, Sand, Ton, Kochsalz u. a. — der Kruste, — „costra" — die abgeräumt wird, worauf alsdann die freigelegte Salpeterschicht, 0,2—5 m mächtig, gegraben wird. Er tritt ca. 2000 m hoch in der sog Salpeterzone der fünf parallel zur Küste des Stillen Ozeans verlaufenden Geländezonen der Provinz Tarapaka auf, die infolge des pazifischen Krieges von 1879—83, des „Salpeterkrieges", von Peru an Chile kam. Die Provinz Tarapaka liegt zwischen 19. und 21. Grad südlicher Breite und 88. und 70. Grad westlicher Länge von Gr.

**) Zu Dungzwecken namentlich seit 1888, heute etwa zu 75 % Der Natron-Salpeter wird verwandt zur Darstellung von Sauerstoff,

5. Die Salpeterlager teilen mit den Kalisalzlagern das Schicksal, dass die Schätzungen ihres nutzbaren Vorrates und der Dauer ihres Aushaltens ungemein weit auseinandergehen. Die Angaben erheben sich zwar nicht in die Zehntausende von Jahren, immerhin zeigen die Schätzungsgrenzen bei ca. 1400 Jahren einer- und 30—40 Jahren andrerseits eine genügende Spannung, um in die Behandlung der einschlägigen wirtschaftspolitischen Fragen Verwirrung hineinzutragen. Neben der bei Mineralablagerungen naturgemäss immer vorhandenen Unsicherheit der Substanzberechnung, spielt auch hier die Gestaltung des Verbrauchs in der Zukunft eine wesentliche Rolle. So bildete die Substanzfrage, ebenso wie bei der Kalivorlage, einen wichtigen Faktor in den Beratungen über das Schicksal der Salpeterlager.
6. Ebenso wie die Kaliindustrie, ist auch die Salpeterindustrie, und zwar noch in weit höherem Masse, auf den Export angewiesen.

Auf weitere nebensächlichere Berührungspunkte zwischen beiden Industrien braucht hier nicht weiter eingegangen zu werden. Das angeführte genügt, um es verständlich zu machen, dass auch in Chile die einer so wichtigen Heimatsindustrie zu gebende Richtung zum Gegenstand der öffentlichen Aufmerksamkeit des Landes wurde, dass hierbei ähnliche Fragen und Probleme auftraten, wie bei unserer Kaliindustrie, und dass auch schliesslich die Regierungsgewalt massgebenden Einfluss auf ihre Direktive zu gewinnen suchte. Die damit verfolgten Ziele lagen freilich gegen die unserigen wesentlich verschoben, wie es nicht anders sein konnte, nachdem

Kalisalpeter, Salpetersäure, arsensaurem Natron, Sprengpulver, Glühkohle, Chlor, Oxidationsmitteln in den Stahlfabriken usw.

1860—70 wurden 19½ Millionen, 1870—79 wurden 49½ Millionen, 1880—89 wurden 110 Mill. Quintals à 46 kg exportiert. Gesamtvorrat beläuft sich etwa auf 100 Mill. Tonnen gleich 2 Milliarden Quintals. Wenn die Progression von 1860—90 sich so fortsetzt, ist Chile mit seinem Salpeter allerdings wesentlich schlechter gestellt, wie Deutschland mit dem Kalisalz.

die Entwicklung der Salpeterindustrie bei aller innerer Verwandtschaft mit der Kaliindustrie doch von vornherein in grundverschiedene Bahnen hineingedrängt war. Namentlich hatten sich die Besitzverhältnisse ganz anders gestaltet. Wenn man bei der Kali-Industrie heute noch von einer durchaus nationalen Industrie im besten Sinne sprechen kann, so war drüben das gerade Gegenteil der Fall. Die eigentümliche allgemeine politische Entwicklung des Landes hatte es mit sich gebracht, dass die Besitztitel der Salpeterlager, „Salpeterbonds" zu einem grossen Teil sich in Händen von Ausländern und zwar in der Hauptsache von Engländern, befanden. Da es nun hauptsächlich diese Felder waren, die überhaupt ausgebeutet wurden, so war die Salpeterindustrie geradezu eine englische Industrie geworden, die von englischen Beamten betrieben und in London geleitet wurde. Der chilenische Staat stand daher, wenn er das Landesmonopol nutzbar für die Allgemeinheit gestalten wollte, vor ganz anderen Aufgaben, als dies bezüglich der Kalisalze der Fall war, wo ein glücklicher Zufall — immerhin wunderbar genug — die beteiligten Bundesstaaten zunächst selbst zu Eignern und Trägern der Industrie gemacht hatte. Nach Lage der Sache blieb dem chilenischen Staat der bereits betriebenen Industrie gegenüber, so fern er loyal verfahren wollte, zur Nutzung des überaus wertvollen Monopols zunächst kein anderer Weg übrig, als es handelspolitisch zu einer Finanzquelle zu machen, also einen Zoll auf die Ausfuhr zu legen. Der ganze nach Abzug der Zölle verbleibende eigentliche Unternehmergewinn blieb aber damit dem Lande dauernd verloren. Selbst die Arbeitslöhne entfielen nur zum Teil auf Chilenen. Auch hatten es die Engländer verstanden, was bei der wirtschaftlichen Verfassung des Landes nicht schwer war, aus den Nebengewerben der Industrie den Hauptnutzen zu ziehen. Von dem Ertrage der Eisenbahnen und Seefrachten floss der Löwenanteil mit ca. 90 % nach England; die Lieferung der Maschinen, Materialien, Kleidung, Lebensmittel für die Arbeiter usw. lag in englischen Händen. Bei dieser

Entwicklung, die sich bis zum Anfang der 90er Jahre mit wachsender Schärfe fortsetzte, konnte es nicht ausbleiben, dass eine Bewegung entstand, welche auf eine wirksamere Stellungnahme des Staates zur „Salpeterfrage“, als es durch die bisherige Zollpolitik bereits geschah, hindrängte. War es auch schwer, der bereits vorhandenen Industrie volkswirtschaftlich erspriesslichere Wege zu weisen, so war die Entwicklung des nationalen Gewerbszweiges in seiner Gesamtheit einer Einflussnahme doch noch keineswegs entzogen, da nur der kleinere z. T. allerdings besonders wertvolle Teil des Salpetergebietes (i. J. 1892 mit 35000 ha) in Händen von Privaten war, während der Staat als solcher nach der anerkannten Rechtslage sich als Eigentümer des grösseren Restes von 54000 ha betrachten dürfte. Hier, also in der zweckmässigsten Verwertung der Staatslager, war der Schlüssel zu heilsamen Reformen zu suchen, die denn auch in den verschiedenen Vorschlägen in der Hauptsache alle darauf abzielten, die Inangriffnahme neuer Felder nur durch chilenische Gesellschaften unter mehr oder weniger weitgehender Bevormundung des Staates zuzulassen. Nebenher ging aber noch eine andere, auch durch die Regierung gestützte Strömung, die den geeigneten Weg zur besseren Ausnutzung des Landesmonopols in einem weiteren Anziehen der Zollschraube durch Progressiv- und Differentialzölle und der tunlichsten Steigerung der Ausfuhr, verbunden mit einer beschleunigten Versteigerung der Staatsfelder, also in Massnahmen erblickten, die eine im nationalen Sinne richtig verstandene Sanierung wieder durchkreuzen mussten; denn abgesehen davon, dass eine Schonung der Lager bei ihrer Ausdehnung volkswirtschaftlich eher am Platze gewesen wäre, wurden auf diesem Wege dem Zudrang des englischen Kapitals ja die Pforten erst recht wieder geöffnet, und das Gespenst eines englischen Salpetermonopols im Herzen des chilenischen Staates, welches, so weit die vorhandene Industrie in Betracht kam, eigentlich schon bestand, und in der „Salpeterkonvention“ bereits eine greifbare Gestalt gewonnen hatte, wurde nur noch drohender. So weit nicht das kranke Staatsbudget entgegenstand, lag die richtige Lösung zweifellos auf jener Seite, die mit einer planmässigen Ueberweisung von Feldern an Landeskinder keine Absatz- insbesondere Ausfuhrsteigerung, sondern nur eine staatliche Regelung des Konsums unter Hebung des im eigenen Lande fast unbekannten, aber wegen der zunehmenden Bodenerschöpfung durchaus erstrebenswerten Verbrauchs verbinden wollte. Auffallend mag es erscheinen, dass man von keiner Seite zu dem radikalen Staatsmonopol greifen wollte, unter dem also hier eine ausschliesslich staatliche Ausbeutung und Verwertung — Gewinnungs- und Verkaufsmonopol — der noch freien Staatsfelder zu verstehen gewesen wäre. Die Abneigung einer ziemlich extrem liberalen Regierung, wie der chilenischen, gegen eine solche Massregel mag hierbei mitgewirkt haben — der Hauptgrund war jedenfalls, dass der etwas indolente und unzuverlässige Charakter des Chilenen, und namentlich seine kaufmännische und technische Unterlegenheit gegenüber den Ausländern einer im grossen Massstabe betriebenen Staatsindustrie hinderlich im Wege stand. Dabei wäre die durch ein übermässiges und wenig produktives Beamtenheer ohnehin schon überlastete Staatskrippe noch mehr angespannt worden.

Jene Bestrebungen nun, die zwar nicht durch das reine Staatsmonopol, aber doch durch eine unter accentuiertem obrigkeitlichen Einfluss grossgezogene chilenische Salpeterindustrie dem englischen Monopol die Spitze abzubrechen suchte, fanden u. a. in einem 1892 in der chilenischen Deputiertenkammer vorgelegten Gesetzentwurf des Abgeordneten Diaz ihren Niederschlag. Da die Hauptbestimmungen auch den Geist der übrigen das nämliche Ziel verfolgenden Reformgedanken widerspiegeln, so ist deren Angabe für den für unseren Zweck ausreichenden allgemeinen Ueberblick über die wirtschaftspolitische Behandlung der Salpeterfrage in Chile genügend. Die Hauptbestimmungen lauten:

1. Der Präsident der Republik wird autorisiert, die Salpeterlager des Staates an zu diesem Zwecke nach chilenischem Gesetze organisierte Gesellschaften, die ihren Sitz im Lande haben, zur Ausbeutung zu überlassen.
2. Die Salpeterlager werden in Abschnitte von je 300 ha geteilt. Die bereits erschöpften Terrains werden hierbei nicht mitgerechnet.
3. Chilenische Gesellschaften mit einem Kapital von 150 000 Pes. haben Anspruch auf einen Abschnitt; die mit 300 000 Pes. erhalten zwei dieser Abschnitte.
6. Der Präsident ernennt zwei Salpeter-Agenten von Chile, welche im Auslande den Verkauf und die Verbreitung des Salpeters betreiben müssen. Diese Agenten werden aus den Personen ausgewählt, welche die Salpeter-Gesellschaften vorschlagen.
9. Der Staat erhält ohne alle Entschädigung den dritten Teil der Produkte jeder Gesellschaft und wird hierzu durch einen vom Präsidenten der Republik ernannten Delegierten vertreten.
10. Dieses Quantum kann auf den vierten Teil reduziert werden, wenn bereits mindestens 10 von Chilenen organisierte und bearbeitete Oficinas zwei Jahre lang in Tarapaka tätig sind.
12. Der Salpeter, der dem Staate überlassen wird, wird im Lande zum Selbstkostenpreise und zum ausschliesslichen Gebrauch als Düngemittel verkauft. Ist dieser Bedarf gedeckt, so wird der Ueberschuss exportiert.

Der vorstehende Gesetzesvorschlag erfasst zweifellos zielbewusst und energisch den Grundgedanken der gewollten Neuordnung, wenn das Erfordernis chilenischer Volksangehörigkeit aller Aktionäre auch noch schärfer hätte zum Ausdruck gebracht werden können. Der ganze Anlauf zur Nationalisierung der Industrie verlief aber im Sande, der Entwurf fand weder eine Mehrheit in der Deputiertenkammer, noch die genügende Unterstützung beim Senat und der Exekutivgewalt. Die Neuregelung, die bei den damaligen Besitzverhältnissen vielleicht noch einige Aussicht auf Erfolg gehabt hätte, wurde ad calendas graecas vertagt. Der Finanzminister erklärte die Lage für „ernst, aber nicht alarmierend". Der Kongress habe durch die Zollpolitik einen genügenden finanziellen Einfluss auf die Industrie und das englische Monopol könne durch regierungsseitigen Verkauf neuer Lager oder durch anderweitige Unterstützung der Produktion (?!), vernichtet werden. So lange das Monopol andere Wirkungen, wie heute, nicht zeitige, liege zu gesetzgeberischen Massnahmen eine Veranlassung noch nicht vor.

Der richtig angelegte Reformversuch fand demnach ein ruhmloses Ende, und es hat auch bei weiteren derartigen „Versuchen" ein besserer Erfolg bis heute nicht herausgeschaut. Der wahre Grund hiervon ist offenbar der, dass die Salpeter-Gesellschaften in den massgebenden chilenischen Kreisen bereits zu viel Einfluss erlangt hatten. Durch die grossen, am Bestehen derselben mit interessierten Landesbanken und auf anderen Wegen verstanden es die Engländer, auf den Gang der chilenischen Staatsmaschine entscheidend genug in ihrem Sinne einzuwirken. Die neueste Zeit hat hierin einen Wandel nicht geschaffen, im Gegenteil beginnen sie, in der Regierungsgewalt selbst mehr und mehr Fuss zu fassen. Der englische Besitz wird nach wie vor nach Belieben erweitert und, abgesehen von einigen deutschen und wenigen französischen und italienischen Gesellschaften, behauptet englisches Kapital in dem Salpetergeschäft der Welt durchaus die Vorherrschaft. Der Grund für die Verdrängung des Chilenentums und den Misserfolg seiner Abwehrversuche liegt gewiss z. T. in der Ueberlegenheit der zugewanderten Unternehmer. Die ganze Entwicklung würde sich aber doch von vorn herein anders gestaltet haben, wenn dem Zudrang des fremden Kapitals rechtzeitig Widerstand geleistet wäre. Es hätte sich dies von selbst ergeben, wenn der chilenische Staat die alten peruanischen Salpeterbonds sogleich bei ihrer Uebernahme nach dem Kriege anstatt in den Feldern selbst, in klingender Münze, wie es vertraglich freistand, abgelöst hätte. Es mag dies damals seine finanziellen Schwierigkeiten gehabt haben. Eine weiter ausschauende Wirtschaftspolitik hätte nun aber zum wenigsten die weitere Entwicklung einer spezifischen Landesindustrie von so glänzender innerer Veranlagung nicht völlig sich selbst, richtiger gesagt, den Fremden überlassen dürfen. Diese allein durch einen Ausfuhrzoll nutzbar zu gestalten, und mit einem derartigen Staatseigentum durch fortschreitende Veräusserung vorübergehend immer wieder den Staatssäckel zu speisen, ist mit den einfachsten Grundsätzen einer gesunden Staatswirtschaft nicht vereinbar, von den volkswirtschaftlichen Schäden, die dem Lande daraus erwachsen, gar nicht zu reden. Die Schäden des ganzen Systems werden dadurch noch augenfälliger, dass es last not least auch auf die gedeihliche Entwicklung der Industrie selbst nachteilig einwirkt. Die Lage der einzelnen Unternehmungen ist durchaus nicht überall glänzend, z. T. sogar wenig befriedigend, und auch alle Verbandsbestrebungen — es bestehen partielle Abatzvereinbarungen ohne Preisbeschränkungen — können es nicht hindern, dass das Salpetergeschäft von heftigen Schwankungen heimgesucht wird, an denen namentlich auch der Zwischenhandel beteiligt ist. Die starke Zersplitterung der Unternehmungen, ihr teilweise recht scharfer Wettbewerb untereinander, die innere Wertunsicherheit der zur Ausbeute abgegebenen Einzelfelder, die stets offene Möglichkeit von Zollschwankungen, der Umstand, dass der Schwerpunkt des Salpeterhandels fernab vom Sitz der Produktion in europäischen Händen liegt, alles in allem das Fehlen eines einheitlichen starken Willens und einer umfassenden Organisation tragen eine Reihe von spekulativen Momenten in das ganze Geschäft hinein, die zumeist dem Zwischenhandel zu gute kommen, der Industrie selbst aber um so mehr schaden.

Die Lage der Salpeterindustrie gestattet nun eine Reihe bemerkenswerter Nutzanwendungen auf die Kaliindustrie. Vorzugsweise kann man allerdings nur daraus lernen, wie man es nicht machen soll. Erfreulicher Weise ist es hierfür noch nicht zu spät. Denn wenn die Kaliindustrie dem Interesse der Volksgesamtheit, wie es z. B. die Kalivorlage durch das Monopol wollte, auch noch stärker dienstbar gemacht werden könnte, so ist ihr heutiger Stand, nach allen Richtungen zusammenfassend betrachtet, doch keineswegs unbefriedigend. Es kommt nur darauf an, diesen zu behaupten. Der Kardinalpunkt, auf den die nicht ohne Grund genau gezeichneten Verhältnisse der chilenischen Salpeterindustrie mit zwingender Schärfe hinweisen, ist das Erfordernis der Einheitlichkeit und zwar der Einheitlichkeit im weitesten Sinne im ganzen Getriebe der Industrie.

Wäre das chilenische Volk nach seinen Geldmitteln und seinen geistigen und sittlichen Kräften in der Lage gewesen, die Ausbeutung der Salpeterfelder selbst in der Hand zu behalten, — gleichviel ob durch Staatsmonopol, staatliche Konzessionierung, Ueberwachung usw. — so brauchte es heute den Hauptertrag von den Bodenschätzen einer Provinz, deren Besitz zehntausend seiner besten Söhne gekostet hat, nicht ins Ausland fliessen zu sehen. Principiis obsta! Nachdem der Strom ausländischen Kapitals einmal in die Salpeterregion zu fliessen begonnen hatte, so ergab sich damit die Möglichkeit, dass durch seine zunehmende Erstarkung den Chilenen die Macht, es wieder auszuschalten, überhaupt aus der Hand gewunden wurde. Der englische Einfluss, der dies schliesslich vermochte, musste — eine bittere Ironie! — hauptsächlich gerade auf dem Boden der Salpeterindustrie emporwachsen! Es kommt hier nicht darauf an, ob man den Hauptsatz aller staatswirtschaftlichen Weisheit vergass, dass es wichtiger ist, die produktiven Kräfte eines Landes zu beleben, als Barmittel, wie durch Zölle, zu schaffen und die reproduktiven Kräfte eigener Arbeit zu sehr verkannte, oder ob man die chilenische Bevölkerung einer solchen Aufgabe nicht für gewachsen hielt, genug, man züchtete durch die eingeschlagene Politik das Ausländertum, bis es schliesslich dem Willen des eigenen

Landes über den Kopf wuchs. (Anderweitige Erfahrungen sprechen übrigens dafür, dass die Erziehung der Chilenen zu dieser Aufgabe, wozu man ausländische Hilfe ja auch so hätte heranziehen können, wohl möglich gewesen wäre.) Der Hauptmangel war offenbar der, dass ein starkes, einheitliches Prinzip zur planmässigen Hebung des Schatzes auf nationaler Grundlage von vornherein fehlte, und nachher war es zu spät, das Verlorene wieder einzuholen. Ein solches Prinzip ist in der Kaliindustrie bekanntlich von jeher wirksam gewesen. Trotzdem der Staat hier nicht, wie in Chile, Alleineigentümer der Berechtsame war, hat der staatliche Einfluss mit der Unterstützung der sonst Beteiligten es doch bis jetzt vermocht, alle in dieser Industrie lebendigen Kräfte fast ausnahmslos in dem grossen Gedanken der gemeinsamen Pflege der gemeinsamen Interessen mit unverkennbarer Berücksichtigung auch nationaler Tendenzen vereinigt zu halten. Auch hier finden sich Ansätze zum Eindringen ausländischen Kapitals — von einem Ansturm, wie gelegentlich geschrieben wurde, kann keine Rede sein — und bei der Lage des Auslands- besonders des Amerika-Geschäfts ist der damit verfolgte Zweck doppelt einleuchtend. Es kann aber keinem Zweifel unterliegen, dass, so lange das jetzige Kalikartell seine starke Hand über den bestehenden Handelsbeziehungen hält, fremde Machtgelüste in der Kaliindustrie wenig Anlass zu ernstlicher Sorge bieten. Anders, wenn auch hier der feste Verband sich lockern sollte! Mit einem Schlage würden sich dann dem Anstrom fremden Kapitals die Schleusen öffnen. Es würde sich ein neues, vielmaschiges Netz von Handelsbeziehungen ausbreiten; den allseitigen Unterbietungen würde ein allgemeiner Rückgang der Erträge und damit auch des Wertes der Unternehmungen folgen, und namentlich die Amerikaner würden vielfache Wege finden, in den Besitz der im Preise gesunkenen Anlagen einzudringen. Ihre Vorliebe für das Billige haben sie ja gerade in der Kaliindustrie bewiesen. Wo dieses Eindringen stattfände, würde es jedenfalls weit genug geschehen, um massgebenden Einfluss auch im Geschäft zu gewinnen. Dass dieses dabei ein Spekulationsgeschäft, das es jetzt eben gar nicht ist, ähnlich wie das Salpetergeschäft, alsdann werden würde, liegt auf der Hand. Dass ein grosser Teil des Kaligeschäftes mit der Gefolgschaft von Trustbildungen nach berühmten Mustern auf amerikanischen Boden hinübergespielt würde, wäre die weitere Folge. Damit würde denn auch der Zeitpunkt gekommen sein, dass das deutsche Volk, um seinen wertvollen Monopolbesitz überhaupt noch nutzbar zu gestalten, ähnlich wie Chile, dem Gedanken an Ausfuhrzölle näher treten müsste, denen bei Landesmonopolen nach der herrschenden Ansicht eine grundsätzliche Berechtigung nicht abzusprechen ist. Wenn nicht gar die Entwicklung dazu drängte, dass die gesetzgebenden Faktoren die Staatshoheit durch wirksamere Mittel, wie z. B. durch künstliche Monopole zum Ausdruck gebracht wissen wollten. Ein derartiger, etwas uferloser Ausblick eröffnet erfreulicher Weise heute nur Möglichkeiten! Denn das Kalisyndikat hält ja dem Ausland gegenüber höhere Preise wie im Inland. Dieser Preisaufschlag wirkt ähnlich, wie ein Ausfuhrzoll, nur mit dem Unterschiede, dass der Ertrag nicht der Volksgesamtheit, sondern einer einzelnen Berufsklasse, insonderheit der Landwirtschaft, zu gute kommt. Für die Beurteilung der Bedeutung der aus den höheren Auslandspreisen fliessenden Finanzquelle kommt dies aber um so weniger in Betracht, als eine getrennte Behandlung der verschiedenen Berufsstände in der modernen Staatswirtschaft ja auch sonst vielfach üblich ist. So lange also das Kalikartell unter seiner an den altbewährten kaufmännischen Grundsätzen festhaltenden Führung fortbesteht, liegt zu einer Aenderung unsrer Handelspolitik eine Veranlassung nicht vor. Dass aber die jetzige Preistaktik im Kartell beibehalten wird, dafür bürgt die Zugehörigkeit der Bundesstaaten, die deshalb eine so grosse, wie mehrfach dargelegte Bedeutung nicht nur für das Kartell an sich, sondern auch damit für den gedeihlichen Bestand der ganzen Industrie besitzt.

Es kann nun gefragt werden, warum auch unter den heutigen Verhältnissen das fremde, insbesondere das amerikanische Kapital nicht durch freihändigen, allmählichen Erwerb von Besitzanteilen Boden in der Kaliindustrie zu gewinnen sucht. Derartige Versuche, die wirklich ernst zu nehmen wären, scheinen ja bisher wenig gemacht zu sein. Dass diese, soweit sie gemacht wurden, bisher wenig glücklich gewesen sind, mag diese Erscheinung zum Teil erklären. Die Hauptgründe scheinen aber doch tiefer zu liegen. Die Kaliunternehmungen sind ganz überwiegend Gewerkschaften. Diese in den Grundzügen ihrer Verfassung so durchaus edle und für Bergwerksunternehmungen von nicht zu grossem Umfang besonders wertvolle Gesellschaftsform scheint dem amerikanischen Geschmack wenig zu entsprechen. Die Anteile sind zu schwerfällig. Man bedenke, dass z. B. ein einziger Kux einer gewissen westfälischen Gewerkschaft heute weit über 3000 Stück Shares von dem üblichen Nominalwert der amerikanischen Gesellschaften darstellen würde. Derartige Werte sind natürlich schwer, unter Umständen gar nicht zu veräussern und eignen sich schlecht zu raschen Transaktionen, in denen drüben vielfach dass eigentliche Geschäft ja überhaupt nur besteht. Es kommt noch hinzu, dass der planmässige Aufkauf einzelner Werke im ganzen Umfang oder bis zum Besitz der Majorität, den die Ausländer aus sonstigen Geschäftsrücksichten ja zum mindesten anstreben würden, nicht ohne eine beträchtliche Preissteigerung vor sich gehen könnte, der ein entsprechender Wertzuwachs ja zunächst nicht gegenüberstehen würde. Dieser Preisaufschlag würde sich bei einem Unternehmen mittleren Umfangs doch immerhin auf ca. 3 Mill. Mark nach oberflächlichen Schätzungen belaufen, wenn nicht Jahre über die Durchführung des Besitzübergangs vergehen sollen. Die Verhältnisse in der Kaliindustrie tragen also in mancher Beziehung gegen den Andrang fremden Kapitals ein natürliches Correktiv in sich. Was trotzdem in der gedachten Richtung etwa schon zur Tatsache geworden sein sollte — über gewisse Vorgänge der jüngsten Zeit liegt ja immer noch ein schwer zu durchdringender Dämmer gebreitet — ist jedenfalls nicht so bedenklich, dass man syndikatsseitig den Folgen nicht offen ins Auge schauen sollte. Zumal, wenn es, wie die Leitung beabsichtigt, gelingt, das Gefüge des jetzigen Verbandes auch noch in der Richtung zu befestigen und zu verdichten, dass man Selbständigkeitsbestrebungen und damit notwendig verbundene Marktstörungen von aussen her wirksamer, als bisher bekämpfen kann. Nebenbei bemerkt, wird übrigens gerade den Amerikanern der Geschmack an Trustbildungen nach ihren jetzigen Erfahrungen im eigenen Lande aut einige Zeit vergangen sein.

Wenn nun nach vorstehenden Ausführungen der Fortbestand des Kalikartells im wohlverstandenen Interesse aller Beteiligten und auch der Oeffentlichkeit durchaus geboten erscheint, so besteht hierfür bekanntlich eine Schwierigkeit darin, dass es bei der Zunahme der Unternehmungen unmöglich ist, den Absatz der bestehenden auf der alten Höhe zu halten und den neu hinzugetretenen gleichzeitig Lieferungen von befriedigender Höhe zu überweisen. Wenn man aber die Förder- und Verbrauchsziffern von Kalisalzen, wie sie das Statistische Büreau und die Agrikultur-Abteilung des Verkaufssyndikats der Kaliwerke neuerdings in zwei Broschüren übersichtlich veröffentlicht haben, im Gesamtbilde betrachtet, so kann der daraus geschöpfte Eindruck doch auch nur ein beruhigender sein. Es scheint hiernach der insbesondere zur Darstellung gebrachte Kaliverbrauch in der deutschen Landwirtschaft jedenfalls noch steigerungsfähig genug zu sein, dass man daraus im Laufe der Jahre einen zunehmend günstigen Einfluss auf die Absatzgestaltung der Einzelwerke erhoffen kann. Diese Steigerungsfähigkeit des Verbrauchs im Einzelnen darzutun und namentlich den Landwirten vor Augen zu führen, ist wohl auch ein Hauptzweck dieser Broschüren gewesen. Ein gleiches ist offenbar auch vom Auslandsverbrauch festzustellen. Bei der Wichtigkeit der Absatzfrage für die Zukunft der Industrie bilden die zu seiner Belebung angewendeten Mittel und Wege, deren Auswahl in Händen des Syndikats liegt, naturgemäss vielfach den Gegenstand der Kritik seitens der Beteiligten. Es liegt nicht in dem Charakter dieser Abhandlung, diesen Gegenstand weiter zu verfolgen. Jedenfalls muss und kann ein jedes Einzelwerk auch an seinem Teile an dieser gemeinsamen Aufgabe mitarbeiten, indem es die Anschauung von dem Gebrauchswert der Kalisalze in den ihm nach seiner Lage und sonstigen Beziehungen zugänglichen Kreisen tunlichst verbreitet. Es stehen zweifellos noch viele Wege offen, um diese einzige wirklich für den Fortbestand des Syndikats bestehende Schwierigkeit der befriedigenden Absatzgestaltung im Laufe der Zeit zu mildern. Die Gesamtheit der in dem Syndikat vereinigten Werke wird hierzu um so reichere Mittel aufwenden können, je länger dieses besteht. Diese Kardinalfrage der Absatzgestaltung hängt also mit der Dauer des Neuabschlusses innig zusammen. Ebenso muss hiervon natürlich auch die Höhe der Mittel abhängen, welche in anderen, früher berührten Beziehungen zur Festigung des Syndikats nach Innen und Aussen aufgewendet werden können.

Es ist nun andererseits nicht zu verkennen, dass die Interessen der Einzelwerke z. T. durch die Dauer des Neuabschlusses recht einschneidend berührt werden. Die Frage der Dauer des Syndikats wird also bei Neubildungen und Verlängerungen stets eine Quelle gegensätzlicher Strömungen unter den Beteiligten bilden. Die in dem Buche: „Die Kali-Industrie in ihrer Bedeutung und Entwicklung“, Stassfurt 1898, dargelegte Ansicht, dass dieser Industrie von Natur ein so tiefer kartellistischer Grundzug innewohne, dass die tatsächlichen Verhältnisse die Beteiligten vereinigt halten bezw. immer wieder zusammenführen müsse, hat aber an Giltigkeit auch heute noch nichts eingebüsst. Die entgegenstehenden Schwierigkeiten werden um so eher zu überwinden sein, als die Verfassung des gegenwärtigen Syndikats, um dessen Verlängerung es sich z. Z. handelt, in ihren Grundzügen eine kerngesunde ist. Man wird daher in der Kali-Industrie auch weiteren Zeitläufen der Blüte entgegensehen dürfen, wenn in den Grundlinien — auf innere Organisationsfragen des Syndikats kommt es erst in zweiter Linie an — der alte erprobte Kurs weiter gesteuert wird.

FSC
www.fsc.org
MIX
Papier | Fördert gute Waldnutzung
FSC® C083411

Kolibri 360 GmbH
Ferdinand-Jühlke-Straße 7
99095 Erfurt, Deutschland
produktsicherheit@kolibri360.de